# अनुवाद मीमांसा

अनुवाद : क्या, क्यों और कैसे

# अनुवाद मीमांसा

अनुवाद : क्या, क्यों और कैसे

निर्मला जैन

राजकमल प्रकाशन

ISBN : 978-93-88183-13-0

**मूल्य :** ₹225



**पहला संस्करण :** 2018

**प्रकाशक :** राजकमल प्रकाशन प्रा. लि.
1-बी, नेताजी सुभाष मार्ग, दरियागंज
नई दिल्ली-110 002

**शाखाएँ :** अशोक राजपथ, साइंस कॉलेज के सामने, पटना-800 006
पहली मंज़िल, दरबारी बिल्डिंग, महात्मा गांधी मार्ग, इलाहाबाद-211 001
36 ए, शेक्सपियर सरणी, कोलकाता-700 017

वेबसाइट : www.rajkamalprakashan.com
ई-मेल : info@rajkamalprakashan.com

**मुद्रक :** बी.के. ऑफसेट
नवीन शाहदरा, दिल्ली-110 032

ANUVAD MIMANHA
*by* Nirmala Jain

बन्धुवर
विश्वनाथ त्रिपाठी
के लिए

# अनुक्रम

# प्रस्तावना

हम सब जानते हैं कि रोज़मर्रा की ज़िन्दगी में पढ़ने-लिखने की बहुत-सी ऐसी सामग्री होती है जो अनुवाद के माध्यम से हमारे सामने आती है। ऐसी सामग्री का एक सामान्य उदाहरण वे अख़बार हैं जिन्हें आप रोज़ पढ़ते हैं। हमें इस अनूदित सामग्री को सुनने-पढ़ने की इतनी आदत हो जाती है कि कभी-कभी इस बात की तरफ हमारा ध्यान ही नहीं जाता कि इस सामग्री को हमें अनुवाद के माध्यम से उपलब्ध कराया गया है। जब ऐसा होता है तो समझ लीजिए कि वह अनुवाद सफल है। जब अनुवाद अच्छा या सफल नहीं होता तो हम तुरन्त पहचान जाते हैं कि जिस भाषा में वह पाठ हमारे लिए प्रस्तुत किया गया है वह उसकी मूल भाषा नहीं है। क्योंकि पढ़ते समय भाषा का सहज प्रवाह उसमें नहीं होता। उसके वाक्यों की बनावट हमारे कानों में खटकती है और हम समझ जाते हैं कि अनुवादक को इस भाषा का इस्तेमाल करने का अभ्यास नहीं है।

अनुवाद के माध्यम से प्राय: (हमेशा नहीं) एक भाषा के पाठ के लेखकीय अर्थ को दूसरी भाषा के द्वारा प्रस्तुत किया जाता है। अगर हम यह मान लें कि जो बात एक भाषा में कही जा सकती है वह दूसरी भाषा में भी बखूबी कही जा सकती है तो यह काम बहुत आसान प्रतीत होता है। दूसरे नज़रिए से देखने पर यही प्रयास बहुत जटिल, बनावटी और प्रपंचपूर्ण मालूम हो सकता है क्योंकि अनुवाद करते हुए, सिर्फ़ एक दूसरी भाषा का इस्तेमाल करके हम वह होने का नाटक करते हैं जो हम वास्तव में नहीं हैं। इसीलिए कुछ ख़ास किस्म

के पाठों का अनुवाद करते समय, मसलन कानूनी, प्रशासनिक, बोलीगत, स्थानीय, सांस्कृतिक—मूल भाषा के शब्दों को अनुवाद में ज्यों-का-त्यों इस्तेमाल करने का प्रलोभन बहुत प्रबल होता है।

कुल मिलाकर यह मान लेना चाहिए कि अनुवाद न मूल हो सकता है और न ही उसका पुनःसृजन। अच्छे अनुवादक का लक्ष्य सिर्फ़ इतना ही होता है कि वह मूल और अनूदित के बीच के अन्तराल को भरसक कम करे। किसी अच्छे अनुवादक को अपने अनुवाद से पूरी तरह सन्तोष कभी नहीं होता लेकिन इसका यह अर्थ नहीं है कि सन्तोषप्रद अनुवाद सम्भव नहीं होता।

इस प्रसंग को आगे बढ़ाने से पहले एक स्पष्टीकरण और आवश्यक है। अनुवाद के सम्बन्ध में दो धारणाएँ ऐसी हैं जो एक सीमा तक इस कार्य में बाधक हो सकती हैं। चिन्तकों का एक वर्ग यह मानता है कि अनुवाद हो ही नहीं सकता। जिसे हम अनूदित रचना कहते और समझते हैं, वह वास्तव में दूसरी या नयी रचना ही होती है। अनुवाद कर्म के बारे में एक दूसरी धारणा यह है कि यह दोयम दर्जे का काम है क्योंकि यह मौलिक लेखन नहीं होता। अनूदित रचना का अस्तित्व किसी दूसरे की रचना पर निर्भर होता है।

ऐसी धारणाओं के बावजूद सचाई यह है कि विश्व की हर भाषा की कालजयी रचनाओं का अनुवाद किया गया है और बड़ी संख्या में विख्यात रचनाकारों ने स्वयं अनुवाद किए हैं। अगर ऐसा न होता तो ज्ञानात्मक और रचनात्मक साहित्य के पठन-पाठन से पाठकों का बहुत बड़ा वर्ग वंचित हो जाता और हर भाषा की सार्वभौमिक महत्त्व की कालजयी रचनाएँ, उसी भाषा के जानकारों तक सीमित होकर रह जातीं।

अनुवादक की योग्यता और क्षमता पर विचार करते समय हम यह मानकर चलते हैं कि वह जिस भाषा में अनुवाद करने की कला सीखना चाहता है वह उसके सामान्य व्यवहार की भाषा है। उसका प्रयोग करने की उसे आदत और अभ्यास है। अगर ऐसा होगा तभी वह सहज, सही और पूरी तरह प्रभावी अनुवाद कर सकेगा। यह बात अलग है कि एक बड़ी संख्या ऐसे

अनुवादकों की होती है, जिन्हें अपनी भाषा से इतर भाषा में भी अनुवाद करने की ज़रूरत पड़ती है।

अनुवादक के लिए यह आवश्यक होता है कि उसमें उस भाषा को भी पढ़ने और समझने की पर्याप्त योग्यता हो जिससे उसे अनुवाद करना है। अनुवाद मुख्य रूप से तीन विषय-क्षेत्रों से किया जाता है :

1. विज्ञान और तकनीक।
2. सामाजिक, आर्थिक अथवा राजनीतिक अर्थात् समाज-विज्ञान से सम्बद्ध विषय।
3. साहित्यिक या दार्शनिक अर्थात् मानविकी से सम्बन्ध रखने वाले विषय। सबसे अच्छी और कारगर स्थिति तब होती है, जब अनुवादक की दिलचस्पी इन तीनों में से किसी एक क्षेत्र में हो।

इसके अलावा यह हमेशा याद रखना चाहिए कि किसी अन्य भाषा का ज्ञान और विषय की जानकारी का महत्त्व तो है पर इससे ज्यादा महत्त्व इस बात का है कि अनुवादक अपनी भाषा के प्रति संवेदनशील हो, उसके मर्म को पहचाने, कुशलता और स्पष्टता से, फ़ालतू शब्दों का प्रयोग किए बिना उसका अच्छी तरह उपयोग कर सके। अच्छा अनुवादक या लेखक भाषा के प्रति इसी संवेदनशीलता और सामान्य समझ के सहारे बराबर प्रयोग और तथ्य सम्बन्धी भूलों से बचा रहता है। यह कतई ज़रूरी नहीं होता कि वह बहुत बड़ा निबन्धकार या शैलीकार हो। ज़रूरी सिर्फ़ इतना होता है कि उसमें सही क्रम में सटीक शब्दों का उपयोग करने की सामर्थ्य हो। यदि ध्यान दिया जाए तो यह बात आसानी से समझ में आ जाएगी कि अनुवाद एक सतत प्रक्रिया है। उसमें संशोधन की गुंजाइश लगातार बनी रहती है। यदि अनुवादक अपनी भाषा के प्रति संवेदनशील है, उसका प्रयोग करने की महारत उसे हासिल है तो उसकी बुद्धिमानी, प्रतिभा, ज्ञान और संवेदनशीलता सब एक साथ मिलकर उसमें यह क्षमता पैदा करेंगे कि वह सही मौके पर दूसरी भाषा के शब्दों के लिए अपने विवेक से सही शब्द का इस्तेमाल कर ले। उदाहरण के लिए यदि

एक ही शब्द का प्रयोग मध्ययुगीन रचना में और बीसवीं शताब्दी की रचना में किया गया हो तो अनुवाद करते समय दोनों के लिए आप अलग-अलग शब्दों का प्रयोग करना चाहेंगे।

## अनुवाद के स्तर

अनुवाद की प्रक्रिया में चार स्तर होते हैं। सबसे पहले सोपान में वैज्ञानिक दृष्टि से तथ्यों का सत्यापन और उस भाषा की जानकारी शामिल होती है जिसमें उनका बयान किया गया है। इसके बाद समुचित और व्यवहारोचित भाषा के प्रयोग के कौशल की बारी आती है। अनुवाद में तीसरा स्तर रचनात्मक प्रतिभा और कभी-कभी अन्त:स्फूर्त प्रेरणा का होता है। यह अनुवाद को विज्ञान और कौशल से आगे कलात्मक दर्जा देता है। अन्तिम स्तर पर यह अनुवादक की अभिरुचि या पसन्द का सवाल हो जाता है। यहाँ पहुँचकर तर्क नि:शेष हो जाते हैं और अभिव्यक्तिगत शब्दावली और युक्तियों के बीच चुनाव का नज़रिया प्रमुख हो जाता है। एक ही मूल पाठ का अनुवाद जब अलग-अलग लोगों के द्वारा किया जाता है, तो वह हमेशा एक-दूसरे से भिन्न होता है। इस भिन्नता का कारण अनुवादकों की अभिरुचि का अन्तर ही होता है।

# अनुवाद : क्या, क्यों और कैसे ?

अनुवाद एक प्रकार का सहयोगी कर्म होता है—दो रचनाकारों के बीच। पहला रचनाकार वह जो मूल पाठ की रचना करता है और दूसरा वह जो इस मूल पाठ में निहित लेखकीय अर्थ को अनूदित पाठ में स्थानान्तरित करता है। इस प्रक्रिया में रचनाकार, कृति और पाठक का स्वाभाविक त्रिकोण, दोहरा हो जाता है अर्थात् हम एक ऐसे रचनाकार (अनुवादक) की रचना (अनुवाद) के पाठक होते हैं, जो स्वयं किसी दूसरे (मूल लेखक) रचनाकार की रचना (मूल पाठ) का पाठक होता है। अंग्रेज़ी भाषा में 'Translation' का व्युत्पत्यर्थ होता है : 'Crossing the border' (सीमा पार करना), उसी तरह जैसे 'transmission', 'transportation', अर्थात् स्थानान्तरण।

अनुवाद का सामान्य अर्थ हुआ—एक भाषा के पाठ में निबद्ध 'अर्थ' को, (जो कोई विचार, अनुभूति या तथ्यात्मक सूचना में से कुछ भी हो सकता है) एक भाषा की सीमा पारकर दूसरी भाषा में स्थानान्तरित करना। मुख्य बात है 'अर्थ', 'कथ्य' या 'आशय'। इसलिए किसी अनूदित रचना की इकाई शब्द, वाक्य, पदबन्ध न होकर समूचा पाठ होता है क्योंकि 'अर्थ' किसी एक शब्द, एक वाक्य या विशेष पदबन्ध में सीमित न रहकर 'पाठ' की पूरी बनावट के बीच से समग्रता में उभरता है। शब्द के लिए शब्द, वाक्य के लिए वाक्य और पदबन्ध के लिए पदबन्ध अनुवाद की भाषा में मूल पाठ के अर्थ को स्थानान्तरित करने के लिए अनुवाद के साधन या माध्यम भर होते हैं, लक्ष्य नहीं। वह 'कथ्य' या 'अर्थ' को उसकी समग्रता में सिद्ध करने के लिए ज़रूरत पड़ने

पर शब्द, वाक्य या पदबन्ध के साथ छूट ले सकता है, उन्हें कभी-कभी बदलने की विवशता का अनुभव भी कर सकता है पर किसी शब्द, वाक्य या पदबन्ध की रक्षा के लिए वह 'कथ्य' की बलि नहीं चढ़ा सकता। कभी-कभी ऐसी स्थिति भी पैदा हो सकती है कि 'अर्थ' का सौन्दर्य या वैशिष्ट्य (विशेषकर साहित्यिक अनुवाद में) किसी विशिष्ट वाक्य-रचना, पदबन्ध या शब्द पर निर्भर हो। शब्दों की ध्वनिगत विशेषताएँ या वाक्य-लय भी अर्थ की विशिष्टता उत्पन्न कर सकते हैं। ऐसी स्थिति में अनुवादक के सामने चुनौती बड़ी हो जाती है, क्योंकि यह सम्भव नहीं कि हमेशा अनुवाद की भाषा में समानांतर ध्वनियाँ या वाक्य-लय सुलभ हो। यह कठिनाई मुहावरों के प्रयोग के बारे में भी सामने आ सकती है। इन सभी स्थितियों में अनुवादक का दायित्व अर्थ या कथ्य की रक्षा करना होगा, शब्द या वाक्य की नहीं। कुछ उदाहरणों पर दृष्टि डालकर इस बात को स्पष्ट करें। तुलसीदास की प्रसिद्ध पंक्ति है :

कंकण किंकिणि नूपुर धुनि सुनि

इस पंक्ति का अंग्रेज़ी अनुवाद कुछ ऐसा होगा :

'on hearing the tinkling sound of the bracelets, the belt and the anklets'.

अवधी की मूल पंक्ति में सानुनासिक ध्वनियों से जो नाद-सौन्दर्य उत्पन्न हुआ है उसकी कुछ गूँज 'tinkling' और 'anklets' में तो सुनाई पड़ती है लेकिन 'bracelet' और 'belt' में वह आ ही नहीं सकती। इसके अलावा अवधी का सौन्दर्य इन शब्दों के विन्यास में भी निहित है, जो अंग्रेज़ी पर्यायों को एक साथ रखने पर भी उत्पन्न नहीं हो सकता।

ऐसा नहीं है कि यह विशेषता मध्ययुगीन काव्य-भाषाओं में ही हो। खड़ी बोली का अपना नादाश्रित सौन्दर्य है। कवि पन्त की यह पंक्ति देखिए :

'धूम धुँआरे काजर कारे हम ही विकरारे बादल'

इस पंक्ति में कवि ने स्वयं अनुप्रास का सौन्दर्य पैदा करने के लिए शब्दों में 'ल' के स्थान पर 'र' ध्वनि का सायास प्रयोग किया है। 'विकराल', 'काजल' और 'काला' काव्य-पंक्ति में धुँआरे के वजन पर 'विकरारे', 'काजर' और 'कारे' रूप में प्रयुक्त हुए हैं। पर इसका अनुवाद कुछ ऐसे शब्दों के सहारे किया जाएगा :

'We the smoke deep, dark, dreadful clouds.'

इन शब्दों में 'd' ध्वनि की आवृत्ति से भी वह शब्द लय नहीं उत्पन्न हो पाती जो 'आ' के संयोग से हिन्दी-व्यंजनों के क्रमिक उच्चारण से पैदा होती है।

इसी विशेषता को लक्ष्य करते हुए प्रसिद्ध अस्तित्ववादी चिन्तक सार्त्र ने कहा था कि गद्य के शब्द पारदर्शी (transparent) होते हैं। उनकी प्रकृति आत्मनिषेधात्मक होती है। वे अपने से परे किसी दूसरे कथ्य की ओर संकेत करते हैं। इससे भिन्न कविता के शब्दों की प्रकृति पारभासक (translucent) होती है। वे खुद सुन्दर होते हैं। दृष्टि उनके आर-पार कथ्य को ढूँढ़ने से पहले उन्हीं के आकर्षण और सौन्दर्य से बँधती है। इसके बावजूद, अनुवादक का दायित्व शब्दों से परे जो अर्थ है, उसे हृदयंगम करके लक्ष्य भाषा में स्थानान्तरित करना होता है। इस प्रक्रिया में हो सकता है कि वह स्वनिम इकाइयों को उनके पूरे सौन्दर्य (ध्वनि और लयगत) के साथ दूसरी भाषा में समानांतर शब्दों के अभाव में नहीं बाँध पाए, पर महत्त्वपूर्ण बात है 'अर्थ' या 'कथ्य', जो एक-दो शब्द या वाक्य-रचना से नहीं 'पाठ' की पूरी बनावट के बीच से उभरता है। अतः अनुवाद की दृष्टि से 'पाठ' ही वह इकाई होती है, जिस पर उसे अपना ध्यान केन्द्रित करना होता है।

अनुवाद की **प्रक्रिया** और **प्रविधि** एक सीमा तक मौलिक रचना की प्रक्रिया के समान होती है। सामान्य रूप से लिखने का अर्थ होता है, अपने आन्तरिक विचार या भाव को पृष्ठ पर भाषिक-संकेतों में अनूदित करना। पढ़ने का अर्थ होता है इन सांकेतिक शब्दों को मानसिक पाठ के रूप में

अनूदित करना। अनुवाद की प्रक्रिया इसके बाद तब शुरू होती है, जब अनुवादक इस मानसिक पाठ को किसी अन्य भाषा (लक्ष्य भाषा) के प्रायः कोशगत पर्यायों में रूपान्तरित करके अनूदित पाठ के रूप में प्रस्तुत करता है। अनुवाद की यह प्रक्रिया दरअसल पृष्ठों पर नहीं, मस्तिष्क में घटित होती है। हर अनुवादक इस अर्थ में व्याख्याता होता है। अनुवाद को अन्तिम रूप से अन्जाम देने से पहले वह मूल को पढ़ता है, प्रायः बार-बार पढ़ता है। पढ़ने की यह प्रक्रिया व्याख्यापरक होती है। इसके बाद वह उस मूल विचार को एक नये विचार में रूपान्तरित करके उसे लक्ष्य भाषा के शब्द-संकेतों में ढालकर पृष्ठों पर उतारता है। यह अनूदित विचार या भाव एक नया, स्वतंत्र पाठ या सृजन होता है। मूल पाठ का जो अर्थ या अनर्थ होता है, वह अनुवादक रूपी पाठक के मस्तिष्क में घटित होता है, कागज के पृष्ठों पर नहीं। इस प्रक्रिया में मूल रचनाकार की जगह एक नया रचनाकार जन्म लेता है। यदि अनुवादक अनुभूतिक्षम या विचारक्षम होता है तो कभी-कभी इस कल्पनाशील पाठक के हाथों दुहरी कला-सृष्टि होती है, जिसमें उसके भीतर का पाठक और सर्जक सहकर्मियों की भूमिका अपना लेते हैं। अनुवाद की इसी प्रकृति को लक्ष्य करते हुए कभी अभिव्यंजनावाद के समर्थक आचार्य क्रोचे ने कहा था कि अनुवाद किया ही नहीं जा सकता और अगर ऐसा होता है तो वह अनूदित नहीं, मौलिक रचना होती है।

अनुवाद-कर्म पर विचार करते हुए अनुवादक के द्वारा मूल पाठ के ग्रहण और अनूदित 'पाठ' के सृजन के दौरान, अनुवादक द्वारा मूल पाठ के 'पठन' और 'कुपठन' पर बहुत बल दिया गया है। इसलिए अनुवादक की दृष्टि इस बात पर केन्द्रित रहती है कि वह अपने द्वारा रचे गए नये पाठ में रचनात्मक दृष्टि से मूल पाठ के कितना निकट या उससे किस हद तक दूर जा सकता है।

विवेचन की सुविधा के लिए अनुवाद की प्रक्रिया के चार सोपान स्वीकार किए जा सकते हैं। सबसे पहले सोपान में वैज्ञानिक दृष्टि से तथ्यों का सत्यापन और उस भाषा की जानकारी शामिल होती है, जिसमें उनका बयान

किया गया है। इसके बाद लक्ष्य भाषा के समुचित और व्यवहारोचित प्रयोग के कौशल की बारी आती है। अनुवाद में तीसरा सोपान रचनात्मक प्रतिभा और कभी-कभी अन्तःस्फूर्त प्रेरणा का होता है। इससे अनुवाद को महज विज्ञान और कौशल से आगे कलात्मक दर्जा प्राप्त हो जाता है। अन्तिम सोपान पर अनुवादक की अभिरुचि या पसन्द की भूमिका महत्त्वपूर्ण हो जाती है। यहाँ पहुँचकर तर्क निःशेष हो जाते हैं और अभिव्यक्ति की शब्दावली और युक्तियों के बीच से चुनाव का नज़रिया प्रमुख हो जाता है। इसीलिए एक ही मूल पाठ का अनुवाद जब अलग-अलग अनुवादकों के द्वारा किया जाता है, तो ये अनुवाद एक-दूसरे से भिन्न होते हैं। इस भिन्नता का कारण अनुवादकों की क्षमता और कौशल के साथ उनकी अभिरुचि का अन्तर होता है।

अनुवाद-कर्म की गतिमानता को इस आरेख से समझा जा सकता है।

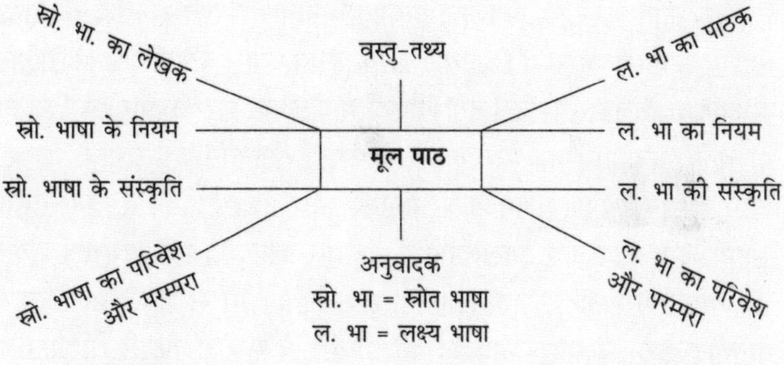


अनुवाद की उपर्युक्त सोपानिक व्यवस्था के बावजूद यह ध्यान में रखना चाहिए कि अनुवाद की कोई ऐसी प्रक्रिया और प्रविधि नहीं होती जो समान रूप से हर विषय और हर भाषा के अनुवाद पर लागू होती हो। विषय और भाषा के अन्तर से अनुवाद की प्रक्रिया और उसके प्रति दृष्टिकोण, दोनों में अन्तर आ जाता है। उदाहरण के लिए ज्ञानप्रधान और संवेदनाप्रधान सामग्री का अनुवाद करने की दृष्टि और पद्धति एक नहीं हो सकती। पहली में तथ्य की प्रधानता होती है और दूसरी में अनुभूति की। पहली का लक्ष्य जानकारी

देना और ज्ञानवर्द्धन करना होता है और दूसरी का अनुभव में भागीदार बनना; यानी ऐसा भावात्मक प्रभाव डालना जो मूल भाषा की सामग्री को पढ़ने से पड़ा है। भ्रम हो सकता है कि ज्ञानात्मक साहित्य में शब्दानुवाद की प्रधानता होगी और साहित्य के अनुवाद में भावानुवाद की। परन्तु ऐसा होता नहीं है। दोनों स्थितियों में आरम्भिक प्रक्रिया कुछ दूर तक समान होती है। साथ ही यह भी सही है कि ज्ञानात्मक सामग्री और साहित्यिक सामग्री, दोनों के अपने-अपने क्षेत्र में भी विषय और भाषा के अन्तर से समस्याएँ भिन्न रूप ले लेती हैं। दरअसल, किसी भी अनुवाद की सफलता की सबसे बड़ी कसौटी होती है अनूदित पाठ की सहज ग्राह्यता। यानी उसे समझने के लिए हमें मूल (स्रोत) सामग्री का मुखापेक्षी न होना पड़े। पढ़ने पर ऐसा प्रतीत हो जैसे वह माध्यम भाषा यानी लक्ष्य भाषा की मौलिक रचना है।

अनुवाद का कोई सिद्धान्त ऐसा नहीं है जिसके बारे में यह कहा जा सके कि उसे लागू करने पर सफलता अवश्य मिलेगी। सफल अनुवाद का सबसे कारगर उपाय है अभ्यास। अनुवाद करके उसका बार-बार संशोधन। सिद्धान्त से अधिक व्यवहार पर बल देना। हिन्दी में शैली के पारखी और स्वयं लेखनी के धनी रचनाकारों की ऐसी लम्बी परम्परा है जिन्होंने बड़े प्रभावी अनुवाद किए हैं। इन रचनाकारों में श्रीधर पाठक, मैथिलीशरण गुप्त, बच्चन, रघुवीर सहाय, अमृतराय और आलोचकों में महावीर प्रसाद द्विवेदी, रामचन्द्र शुक्ल, डॉ. नगेन्द्र जैसे अनेक नाम लिए जा सकते हैं। इनमें से शायद ही किसी ने अनुवाद करने से पहले अनुवाद की प्रविधि से सम्बद्ध किसी सिद्धान्त का अध्ययन किया होगा।

इसके बावजूद अनुवाद की एक निश्चित प्रक्रिया प्रस्तावित की जा सकती है जिस पर ध्यान देने से, अनुवाद करते समय एक हद तक सफलता और स्तरीयता सिद्ध की जा सकती है। इस प्रक्रिया का पहला चरण होता है मूल पाठ का अवधानपूर्वक पठन। अर्थात् उसके कथ्य को समझना। कथ्य को एक बार समझ लेने के बाद अनुवादक को 'अनुवाद सामग्री' के रूप में उसका विश्लेषण करना चाहिए। जाहिर है यह विश्लेषण भाषिक और साहित्यिक

दृष्टिकोण से किए जाने वाले विश्लेषण से भिन्न होगा।

हर पाठ में कुछ अंश ऐसे होते हैं जिनका अनुवाद करने में कठिनाई होती है। यह कठिनाई किसी विशेष शब्द, वाक्य या पूरे-के-पूरे सन्दर्भ को लेकर हो सकती है। अनुवाद करने से पहले ऐसे अंशों की पहचान ज़रूरी होती है। इसके लिए मूल पाठ का सघन पठन आवश्यक होता है। किसी सामान्य शब्द का अनुवाद करने के लिए भी अनुवादक कभी सन्दर्भ के साथ बँधा रहता है और कभी उसी शब्द के लिए उसे सन्दर्भ से बाहर जाना होता है। उदाहरण के लिए यदि किसी व्यक्ति के लिए 'साँप' जैसे सामान्य शब्द का प्रयोग किया गया हो तो यह देखना ज़रूरी होगा कि इस शब्द का प्रयोग लाक्षणिक रूप में किया गया है या सामान्य अर्थ में और लाक्षणिक प्रयोग की स्थिति में इसका निहितार्थ या व्यंग्यार्थ क्या होगा।

यहीं अनुवादक को अपनी विधि या पद्धति तय कर लेनी होगी—विशेषकर मानविकी और साहित्य सम्बन्धी पाठों के सन्दर्भ में—मसलन उसे मूल भाषा के छन्द और लय को अपनी भाषा के किस छन्द और लय में बाँधना होगा। यह भी हो सकता है कि वह पद्य-रचनाओं का अनुवाद गद्य में करने का निर्णय ले। हिन्दी में शेक्सपीयर के अनुवाद गद्य और पद्य दोनों में किए गए हैं।

यहाँ यह स्पष्ट करना आवश्यक है कि समस्या केवल पद्य और गद्य तक ही सीमित नहीं है। लय या संगीत केवल पद्य में ही नहीं होता। हर भाषा का एक आन्तरिक संगीत होता है। वर्णों के बलाघात, बोलने में आरोह-अवरोह और स्वनिम इकाइयाँ, सब मिलकर गद्य में भी एक लय का निर्माण करती है। हर भाषा की बातचीत की भी अपनी लय होती है। इन सबका सम्बन्ध भाषाओं की बाह्य विशेषताओं से है।

एक बहुत बड़ी समस्या, विशेषकर साहित्यिक अनुवाद में आन्तरिक होती है। अनुवादक के लिए अनुवाद की प्रक्रिया में केवल मूल पाठ के 'अर्थ' या आशय की जानकारी ही काफी नहीं होती। उसे मूल रचनाकार की विषय-वस्तु से भाव-तादात्म्य करना होता है। उसमें निबद्ध अनुभूति को उसी

तरह जीना पड़ता है, जिस प्रकार उसे मूल लेखक ने जिया होगा। रचना के माध्यम से यह एक प्रकार का परकाया प्रवेश, अपनी संवेदना का दोहरा विस्तार करना होता है। दूसरे की संवेदना में भागीदारी के लिए आत्म-निषेध या आत्म-नियंत्रण की प्रक्रिया से गुजरना अपेक्षित होता है। कीट्स के शब्दों में यह एक प्रकार की 'नेगेटिव केपेबिलिटी' अर्थात् आत्म-निषेध की क्षमता होती है।

विभिन्न प्रकार के, और विभिन्न क्षेत्रों और विषयों से सम्बद्ध अनुवाद की चर्चा करने से पहले कुछ सामान्य कठिनाइयों पर ध्यान देना उपयोगी होगा। सबसे पहले तो यह मानकर चलना चाहिए कि अनुवादक मूल-पाठ को समझने में समर्थ होगा। अगर ऐसा नहीं है तो अनुवाद करने में सफलता का प्रश्न ही नहीं उठता। पर उसकी एक समस्या यह भी हो सकती है कि उसे जिस भाषा में अनुवाद करना हो, उसमें मूल भाषा के लिए प्रतिशब्द उपलब्ध न हों। ऐसी स्थिति में मूल लेखक के आशय को सही-सही समझना बहुत महत्त्वपूर्ण हो जाता है। क्योंकि वैसी स्थिति में उसे मूल शब्द के लिए कोशगत प्रतिशब्द या पर्याय के अभाव में, उसके निकटतम समानांतर शब्द की खोज करनी होगी, अथवा शब्द-निर्माण करना होगा या व्याख्या के माध्यम से लेखक के आशय को स्पष्ट करना होगा।

अनुवाद में एक और समस्या 'लहज़े' की होती है। यह समस्या किसी भी तरह के अनुवाद में सामने आ सकती है। एक ही बात को आदेश, निर्देश, अनुरोध के रूप में कहा जा सकता है या फिर उसे कहने के सरकारी, औपचारिक, अनौपचारिक, तटस्थ या सामान्य बोलचाल के, अलग-अलग मानक हो सकते हैं। उदाहरण के लिए धूम्रपान की मनाही के निम्नलिखित तरीकों पर ध्यान दें :

| | |
|---|---|
| Official : | Smoking is prohibited. |
| सरकारी (आदेश) | धूम्रपान / सिगरेट पीना निषिद्ध है / मना है। |
| Formal : | Yor are requested not to smoke in this area. |
| औपचारिक (अनुरोध) | आपसे अनुरोध है कि यहाँ धूम्रपान न करें। |

| | |
|---|---|
| Neutral : | Smoking is not permitted / allowed here. |
| तटस्थ (सूचना) | यहाँ धूम्रपान करने की इजाजत नहीं है। |
| Informal : | Please don't smoke here. |
| अनौपचारिक (निवेदन) | कृपया यहाँ धूम्रपान न करें। |

उपर्युक्त सभी वाक्यों का मूल मन्तव्य एक ही है : किसी विशेष स्थान पर सिगरेट पीने की मनाही; पर हर वाक्य का लहज़ा अलग है। ज़ाहिर है, इनका अनुवाद एक ही तरह से नहीं किया जाना चाहिए।

अनुवाद किसी भी सामग्री का हो, एक और महत्त्वपूर्ण तथ्य है जिस पर ध्यान देना अनुवादक के लिए बहुत ज़रूरी होता है। हर पाठ का लक्ष्य विशेष पाठक वर्ग ही होता है। यह पाठक वर्ग भी विषयवस्तु, भाषा और लहज़े सबको प्रभावित करता है। सामान्यतः पाठक तीन प्रकार के होते हैं :

1. विशेषज्ञ।
2. सामान्य शिक्षित जन।
3. अपढ़ या अज्ञानी।

यह लक्ष्यीभूत पाठक वर्ग अनुवाद की भाषा के स्तर और शैली दोनों को निर्धारित करता है। जैसे सामान्य पाठक के लिए रचित सामग्री का अनुवाद साहित्यिक या विद्वत्तापूर्ण भाषा-शैली में नहीं किया जा सकता, उसी तरह विशेषज्ञों और बुद्धिजीवियों के लिए रचना और अनुवाद चलताऊ या लोक-प्रचलित मुहावरेदानी में प्रायः नहीं किए जाते।

साहित्य ज्ञानात्मक हो या सृजनात्मक, मूल को भली-भाँति हृदयंगम करने के बाद अनुवादक के लिए अपेक्षित होता है कि वह निम्नलिखित वर्गों को रेखांकित कर ले : नये प्रयोग, लाक्षणिक प्रयोग, सांस्कृतिक शब्द, व्यक्तिवाचक नाम, पारिभाषिक शब्दावली और ऐसे शब्द जिनका अनुवाद सम्भव न हो। इससे अतिरिक्त हर पाठ में बहुत कुछ ऐसा होता है जिसे उसके भीतर ही रहकर नहीं, कभी-कभी सन्दर्भ के बाहर भी जाकर तय करना होता है।

सम्प्रेषण अनुवाद की महत्त्वपूर्ण शर्त है। मूल पाठ के अभिप्राय को उसकी समग्रता में सम्प्रेषित करना अनुवादक का मुख्य दायित्व होता है। इस कर्तव्य के निर्वाह में शब्दकोश एक सीमा तक ही उपयोगी और कारगर होते हैं क्योंकि उनकी अपनी एक परिधि होती है। रचनात्मक साहित्य में तो अभिव्यक्ति के मानक रूपों से बराबर विचलन या उनके अतिक्रमण की प्रवृत्ति होती ही है, ज्ञानात्मक साहित्य में भी लोक-व्यवहार और प्रचलन, कोश की अपेक्षा अधिक कारगर होता है।

कुछ उदाहरण देकर बात स्पष्ट करें। चिकित्साशास्त्र की शब्दावली में कुछ प्रचलित बीमारियाँ हैं जिनके लोक-जीवन में प्रचलित हिन्दी नाम भी हैं :

| अंग्रेज़ी | हिन्दी |
|---|---|
| Chicken pox | छोटी माता |
| Small pox | बड़ी माता |
| Mumps | कनफेड़ |
| Typhoid | मियादी बुखार/मोतीझारा |
| Jaundice | पीलिया |
| Stroke | लू लगना, सर्दी खा जाना, दौरा पड़ना (जो दिल का दौरा भी हो सकता है और फ़ालिज भी) |

इन बीमारियों के जो नाम हिन्दी में आमतौर पर व्यवहृत होते हैं, उनके बारे में अनुवाद करते समय 'small' के कोशगत अर्थ 'छोटा' के बावजूद यह सवाल नहीं उठाया जाता कि आखिर 'small pox' 'छोटी माता' क्यों नहीं? गोकि हर आदमी को यह जानकारी नहीं होती कि अंग्रेज़ी में 'Chicken' विशेषण के रूप में प्रयुक्त होने पर 'छोटे' का अर्थ देता है जैसे—'chicken feed'.

कभी-कभी ऐसे प्रसंगों में एक समस्या और आती है। जिन बीमारियों के अंग्रेज़ी नामों की चर्चा ऊपर की गई, उन्हीं का एक और रूप भी होता है

जिसका प्रयोग केवल विशेषज्ञ करते और समझते हैं। इस अर्थ में ये पारिभाषिक शब्दों की भूमिका ग्रहण कर लेते हैं। उदाहरण के लिए लोक-प्रचलित बीमारियों—'Mumps, chicken pox, scarlet fever, lock jaw' के व्यावसायिक पारिभाषिक नाम हैं, 'epidemic parotitis, Vericella, Scarlatina & Tetanus'। जब ऐसे शब्दों के अनुवाद का प्रश्न आता है तो अनुवाद की भाषा में इनके प्रचलित प्रतिनामों का उपयोग ही किया जाना चाहिए, शाब्दिक अनुवाद नहीं। इससे अनुवाद सहज ग्राह्य होता है।

कोश, किसी शब्द-विशेष के विभिन्न पर्यायवाची शब्दों की जानकारी का अनिवार्य साधन होता है। परन्तु इन विभिन्न समानार्थक शब्दों में से सही और उचित शब्द का चयन अनुवादक को अपने विवेक से करना चाहिए। दरअसल हर पर्याय की अपनी अलग अर्थच्छाया होती है। शब्दों में अर्थ का निर्धारण देश और कला की निरन्तरता में होता है। उदाहरण के लिए एक ही शब्द 'dancer' के अनेक पर्याय हैं : नर्तकी, नटनी, नचनी, नाचने वाली। इनमें से हर पर्याय समाज और वर्ग की भिन्नता का बोध कराता है। ठीक यही स्थिति अंग्रेज़ी के 'wine' शब्द की है जिसमें शराब, मदिरा, सुरा, हाला, मद्य जैसे अनेक पर्याय कोश में मिलते हैं। यहाँ तक कि 'food' जैसे दैनंदिन व्यवहार में आने वाले शब्द के लिए कहाँ 'खाना' प्रयोग में लाया जाएगा और कहाँ 'भोजन', इसका निर्णय करने में कोश अनुवादक की कोई मदद नहीं कर सकता। मूल रचना के समय और सन्दर्भ की आवश्यकता को ध्यान में रखते हुए ही अनुवादक को बड़ी सावधानी से उचित शब्द का चुनाव करना होता है। कहना न होगा कि हिन्दी का शब्द-भंडार इस दृष्टि से बहुत समृद्ध है। उसमें कुछ मूल तत्सम शब्दों के साथ अनेक तद्भव और देशज रूप तो एक साथ समाज के विभिन्न वर्गों में प्रचलित हो ही जाते हैं, इसके अलावा अनेक बोलियों, और उर्दू के शब्द भीं उसमें घुल-मिलकर सहज रूप से उसके शब्द-भंडार का अभिन्न अंग बन गए हैं। इसकी तुलना में अंग्रेज़ी में प्रचलित पर्यायों का इतना समृद्ध भंडार नहीं है। ऊपर उल्लिखित 'dancer' शब्द इसका उदाहरण है। 'नर्तकी' के जितने पर्याय हिन्दी में उपलब्ध हैं, उतने

'dancer' के अंग्रेज़ी में नहीं। इसलिए अंग्रेज़ी से हिन्दी में अनुवाद करते समय, प्रसंग और वातावरण के अनुरूप शब्दों के चुनाव की जितनी सुविधा रहती है, उतनी हिन्दी से अंग्रेज़ी में अनुवाद करते हुए नहीं मिलती।

एक और सन्दर्भ में कोश विशेष सहायक नहीं होता। यह सन्दर्भ मुहावरों और कहावतों के अनुवाद का है। जाहिर है मुहावरों और कहावतों की शक्ति शब्द के अभिधार्थ में नहीं पूरे वाक्य से व्यंजित होने वाले अर्थ-सन्दर्भ में होती है। कभी-कभी संयोग से दो या अधिक भाषाओं में समानांतर प्रचलित प्रयोग मिल जाते हैं। वहाँ शब्दों के कोशगत अर्थ पर ध्यान न देकर अनुवादक को समान अर्थ की व्यंजना करने वाले पूरे मुहावरे का उपयोग कर लेना चाहिए। भले ही मुहावरे के एक भी शब्द का अनुवाद कोश के अनुसार न हो। उदाहरण के लिए एक हिन्दी मुहावरा है : 'नाच न जाने आँगन टेढ़ा' इसका सटीक अंग्रेज़ी अनुवाद होगा 'A bad work man quarrells with his tools'. ठीक इसी तरह अंग्रेज़ी की एक कहावत है : 'It is raining cats & dogs' हिन्दी में इसका अनुवाद होगा 'मूसलाधार वर्षा हो रही है'। इसी तरह : 'A drop in the ocean' का अनुवाद होगा 'ऊँट के मुँह में जीरा'।

अनुवाद में एक कठिनाई सामान्य जीवन-व्यवहार में प्रयुक्त होने वाले पारिभाषिक शब्दों को लेकर भी आती है। यह उस स्थिति से भिन्न होती है जो विज्ञान, समाज-विज्ञान, विधि जैसे किसी विषय की पारिभाषिक शब्दावली के सन्दर्भ में सामने आती है। इनमें से अधिकांश विषयों में प्रयुक्त होने वाले तकनीकी/पारिभाषिक शब्दों में सरकारी स्तर पर या संस्थाओं द्वारा आधिकारिक रूप में अनुवाद करके उन्हें मान्यता दे दी गई है। इनमें से बहुत से शब्द प्रचलित भी हो गए हैं। यह बात अलग है कि जहाँ संस्कृत की धातुओं के आधार पर, इन शब्दों के प्रति शब्द गढ़े गए हैं, वहाँ अपने भारी-भरकम रूप, उच्चारण की कठिनाई या और किसी कारण, वे हिन्दी के सहज प्रवाह को बाधित करते हैं। अनुवाद को दुरूह बना देते हैं। अनुवादक को यथासम्भव ऐसे स्थलों पर या तो मूल शब्द का लिप्यंतरण करके उसे अनुवाद में ज्यों-का-त्यों स्वीकार कर लेना चाहिए या उसे अपनी भाषा की स्वनिम व्यवस्था

के अनुरूप ढाल लेना चाहिए। इससे अनुवाद की भाषा का प्रवाह और सहजता बरकरार रहती है। जापानी भाषा में नयी तकनीकी के तमाम वस्तुबोधक अंग्रेज़ी शब्दों के साथ यही प्रयोग करके उन्हें अपनी भाषा का हिस्सा बना लिया गया है। हिन्दी में ऐसे अनेक शब्द प्रचलित होकर भाषा के अपने शब्द-भंडार का हिस्सा हो गए हैं। रेल, लालटेन, स्कर्ट, जीन्स, अकादमी, तकनीक, त्रासदी, कामदी, जैसे अनेक उदाहरण हैं, जिनसे शब्द-भंडार समृद्ध ही हुआ है।

अनुवाद की भाषा का हिस्सा हो जाने के बाद ऐसे शब्दों का अपनी मूल भाषा से नाममात्र का ही सम्बन्ध रह जाता है। बाद में लगातार इस्तेमाल होते-होते उनमें अर्थ-विस्तार होता जाता है। यहाँ तक कि अपनी मूल भाषा में सीधे-सीधे उसी अर्थ में उनकी वापसी सम्भव नहीं रह जाती। ऐसे शब्द कुछ समय के बाद सन्दर्भ-मुक्त हो जाते हैं। ऐसे शब्दों का सम्बन्ध सामान्य अर्थ में विज्ञान और तकनीकी से नहीं 'उत्पाद' वस्तुओं से होता है। उनके नाम 'ट्रेडमार्क' होने के कारण एक खास किस्म की अन्तर्राष्ट्रीय भाषा का रूप ग्रहण कर लेते हैं। यह बात कभी-कभी समाज में प्रचलित सामान्य उपयोग की वस्तुओं के बारे में भी लागू होती है—उदाहरण : 'तन्दूर' का अनुवाद 'oven' करने पर वह दूसरा अर्थ देने लगता है। उसी तरह 'तन्दूरी' का अनुवाद 'baked' करने पर उसकी प्रक्रिया का ठीक बोध नहीं होता। इसी तरह उपभोक्ता सामग्री जब अपने 'ट्रेडमार्क' के साथ एक देश से दूसरे देश में आयात की जाती है तो नाम भी उसके साथ ज्यों-के-त्यों भाषा में शामिल हो जाते हैं।

हर भाषा में कुछ शब्द ऐसे होते हैं जिनका सम्बन्ध प्रयोग करने वाले समाज के रहन-सहन, जीवन-शैली, संस्कृति और दैनंदिन व्यवहार से होता है। हिन्दी का ही उदाहरण लें तो 'कुर्ता', 'धोती', 'लहँगा', 'चोली', 'दुपट्टा', 'ओढ़नी' जैसे शब्दों की पूरी जमात है। इन्हीं के बीच अनजाने ही 'ब्लाउज', 'पैन्ट' और 'बनियान' ने कब अपनी जगह बना ली, इस पर किसी का ध्यान ही नहीं गया। अगर स्थिति-विशेष में ऐसे शब्दों का अनुवाद करना ज़रूरी ही

हो जाए तो अपनी भाषा के निकटतम शब्द का उपयोग करके उसके साथ वर्णनात्मक/व्याख्यात्मक टिप्पणी लगाना ही उचित होता है। उदाहरण के लिए 'skirt' का हिन्दी अनुवाद 'छोटा लहँगा' या 'घुटन्ना लहँगा' और लहँगे का अनुवाद 'long pleated/gathered skirt' करने से बात तभी बन सकती है जब छोटी-सी टिप्पणी जोड़कर उसकी विशेषता बताई जाए। ऐसा ही एक उदाहरण है : 'कुल्फी-फलूदा' जिसका अनुवाद 'ice-cream with noodles' नहीं किया जा सकता, वैसे ही जैसे हम 'आइसक्रीम' का अनुवाद 'कुल्फी' नहीं करते। ऐसे शब्दों को ज्यों-का-त्यों ग्रहण करके, टिप्पणी करते हुए उसे 'ice-cream' और 'noodles' के उदाहरण से समझाया जा सकता है।

इस प्रकार के और बहुत से शब्द ऐसे होते हैं जो न ठेठ विज्ञान और तकनीकी में आते हैं और न ही ठेठ साहित्य में। ऐसे शब्द दोनों की परिधि पर तो होते ही हैं, सामाजिक व्यवहार और व्यापार में बराबर उपयोग में आते हैं, अतः अनुवादक का इनके प्रति वही रवैया होना चाहिए जो सामाजिक-सांस्कृतिक शब्दावली के बारे में होता है। इस दृष्टि से अंग्रेज़ी की प्रसिद्ध ऑक्सफर्ड डिक्शनरी के विभिन्न संस्करणों का अवलोकन करने पर यह दिलचस्प तथ्य सामने आता है कि उसके आरम्भिक शब्द-भंडार में समय के साथ तमाम ऐसे शब्द शामिल कर लिए गए हैं, जिनकी चर्चा ऊपर की गई है। ये शब्द मूलतः अंग्रेज़ी के नहीं हैं। वस्तुओं के वाचक ऐसे शब्दों का अनुवाद नहीं रोमन लिपि में लिप्यन्तरण करके इन्हें अंग्रेज़ी के शब्द-समूह में शामिल कर लिया गया है। यह ऐसी प्रक्रिया है जिससे भाषाओं के शब्द-भंडार में विस्तार होता है और भाषाएँ समृद्ध होती हैं।

हर भाषा का वाक्य-विन्यास, उस भाषा में अपने व्याकरण के नियमानुसार होता है। अनुवादक के सामने कभी-कभी यह कठिनाई भी होती है कि स्रोत-भाषा की वाक्य-संरचना अनुवाद करते समय लक्ष्य-भाषा पर हावी हो जाता है। अनुवादक यदि वाक्यों को अपनी भाषा के व्याकरण के अनुरूप नहीं ढालता तो अनुवाद बराबर अनूदित रचना लगता रहेगा, मौलिक नहीं। जंबकि सफल अनुवाद की एक महत्त्वपूर्ण शर्त यह होती है कि वह पढ़ते हुए अनूदित

नहीं, लक्ष्य-भाषा की अपनी मौलिक रचना मालूम हो। उदाहरण के लिए अंग्रेज़ी का यह वाक्य :

> 'I am willing to work for you, provided you give me enough time to prepare for my examination.'

इस वाक्य का अनुवाद कई तरह से किया जा सकता है :

1. मैं आपके लिए काम करने को राजी हूँ, यदि आप मुझे परीक्षा की तैयारी के लिए पर्याप्त समय दें।
2. मैं आपके लिए तभी काम कर सकता हूँ, जब आप मुझे परीक्षा की तैयारी के लिए पर्याप्त समय दें।
3. यदि आप मुझे परीक्षा की तैयारी के लिए पर्याप्त समय दें तो मैं आपके लिए काम करने को तैयार हूँ।
4. मैं आपके लिए काम करने को राजी हूँ बशर्ते आप मुझे परीक्षा की तैयारी के लिए पर्याप्त समय दे दें।

इन चारों वाक्यों में से अन्तिम अनुवाद की वाक्य-संरचना, मूल के सर्वथा निकट है, पर यह ठेठ हिन्दी नहीं उर्दू की वाक्य-संरचना के अनुसार है, इसलिए यदि आग्रह उर्दू से बचाव का हो, तो दूसरे और तीसरे वाक्य में से सन्दर्भ के अनुरूप किसी एक का चुनाव किया जा सकता है। पर पहला अनुवाद इसलिए सही नहीं है क्योंकि उस पर अंग्रेज़ी वाक्य-रचना का दबाव स्पष्ट है। ऐसी स्थिति में अनुवादक का अपना विवेक और अनुवाद की भाषा की व्याकरणिक-संरचना का सम्यक् ज्ञान सबसे अधिक महत्त्वपूर्ण होता है।

अनुवादक के विवेक का महत्त्व शब्द के एकाधिक पर्यायों के बीच से सन्दर्भ के अनुसार सही पर्याय के चुनाव में भी दिखाई पड़ता है। अंग्रेज़ी का शब्द है 'Witness' जिसके हिन्दी में एकाधिक पर्याय हैं। निम्नलिखित वाक्यों में सन्दर्भ के अनुसार पर्यायों का जो चुनाव अपेक्षित है, उनमें से किसी की जगह किसी दूसरे का प्रयोग पूरी तरह अनुचित न भी हो, तो सटीक भी नहीं होगा :

1. Produce the witness (गवाह)
2. I have been a witness (साक्षी) to all their sufferings
3. Did you witness (देखा) that scene?

इसी तरह का एक और उदाहरण है। अंग्रेज़ी का शब्द 'buisness'

1. He went on a buisness trip (व्यापार)
2. It is none of your buisness (सरोकार, मतलब)
3. Let us talk buisness (कामकाज की या काम-धन्धे की बात)

एक और सन्दर्भ ऐसा होता है जिसमें अनुवाद सम्बन्धी कोई नियम नहीं, स्थितियों या व्यक्तियों के बारे में हमारी धारणाओं और संस्कारों की भूमिका महत्त्वपूर्ण होती है। किसी व्यक्ति के लिए क्रिया का सम्मानवाचक बहुवचन कहाँ उपयोग में लाया जाता है, यह तय करने की क्षमता लम्बे अभ्यास और संस्कार के अर्जन से आती है। कालगत निकटता/दूरी भी ऐसे प्रयोगों में नियामक भूमिका अदा करती है। उदाहरण के लिए मध्यकालीन शासकों अकबर और जहाँगीर के सन्दर्भ में हम पूरक क्रिया 'था' का जिस तरह प्रयोग कर लेते हैं, वैसे निकट अतीत में विद्यमान राजनेताओं गाँधी और जवाहरलाल नेहरू के लिए नहीं हो पाता। जहाँगीर न्यायप्रिय शासक था, पर जवाहरलाल नेहरू भारत के प्रथम प्रधानमंत्री थे। इस प्रकार के अन्तर अनुवाद-विषयक नियमों के तहत सिखाए नहीं जा सकते, इनका सम्बन्ध अनुवादक की मानसिकता, संस्कृति और अनुवाद-स्थिति से होता है, वैसे ही जैसे हिन्दी के मध्यम-व्यक्ति वाचक एकवचन सर्वनाम (तू, तुम, तुमने, तुम्हारे) किन स्थितियों में सम्मानार्थक बहुवचन में बदल जाते हैं, इसका सम्बन्ध भारतीय जीवनशैली, पारिवारिक रिश्ते-नातों की समझ से होता है। अंग्रेज़ी में माता/पिता के लिए सम्बोधनसूचक सर्वनाम 'you' और उससे व्युत्पन्न रूप ही रहेंगे जबकि भारतीय सन्दर्भ में किसी भी आयु में बड़े या समादृत व्यक्ति के लिए वह तुरन्त 'आप' और उससे बनने वाले रूपों में (आपको, आपके लिए, आपका आदि) बदल जाएँगे। अनुवादक कब 'you' के लिए 'तू' और कब

'आप' का प्रयोग करेगा, इसके लिए भारतीय सन्दर्भ में अनुवाद-स्थिति की समझ अनिवार्य होगी।

निष्कर्ष रूप में, ये ऐसी कठिनाइयाँ हैं जिन्हें सामग्री के साथ जोड़कर नहीं देखा जा सकता। ये विज्ञान और तकनीक, कार्यालयी जीवन, सूचनापरक सामग्री या साहित्य—किसी भी अनुवाद-स्थिति में प्रस्तुत हो सकती हैं और इनके लिए ज़रूरी होता है स्रोत/मूल भाषा की प्रकृति और विषय वस्तु की संस्कृति की ठीक-ठीक पहचान और अभ्यास।

ऐसी सामान्य कठिनाइयों के अलावा, अनुवाद के व्यापक रूप से दो वर्ग माने जाते हैं :

1. सूचनाधर्मी सामग्री का शाब्दिक अनुवाद।
2. साहित्यिक अनुवाद।

इन दोनों क्षेत्रों में आने वाली सामग्री के आपसी अन्तर की चर्चा प्राचीन काल से अब तक बराबर की जाती रही है—विशेषकर पश्चिम में। ईसवी की पहली शताब्दी में ही क्विंटिलियन ने 'प्रिंसिपल्ज ऑफ ओरेटरी' में व्यावहारिक और साहित्यिक अनुवाद के अन्तर को रेखांकित किया था। फ्रेडरिक शेरमाखेर ने सन् 1813 में अनुवाद की तीन पद्धतियों की चर्चा की :

1. सूचनाओं का व्यावहारिक स्थानान्तरण, अर्थात् पंक्ति-दर-पंक्ति शाब्दिक अनुवाद।
2. मध्यमस्तरीय अनुवाद, अर्थात् ऐसा अनुवाद जो मूल के प्रति वफादार पर साथ ही स्वायत्त हो।
3. मुक्त पुनःसृजन या अनुकरण।

अनुवाद की इन पद्धतियों में भाषिक 'रजिस्टर' का विभाजन प्रायः त्रिवर्गीय होता है, पर कभी-कभी द्विवर्गीय भी हो जाता है।

पहले प्रकार की सामग्री का अनुवाद प्रायः शुद्ध/सही, मूल के निकट पूरी जिम्मेदारी से इस रूप में किया जाता है कि उसके मूल लेखक की उपस्थिति

का एहसास बराबर बना रहता है, और लक्ष्य भाषा पर स्रोत भाषा की निजी पहचान का दबाव कायम रहता है। इसके विपरीत मुक्त अनुवाद में अनुवादक की उपस्थिति कुछ इस तरह दर्ज होती है कि रचना लक्ष्य भाषा की सहज कृति प्रतीत होती है आयातित नहीं।

इस बात पर रचनाकारों ने बराबर बल दिया है कि अपने सर्वोत्तम रूप में अनुवाद मौलिक रचना का सहवर्ती होता है। मैक्यु ऑर्नल्ड ने होमर के अनुवाद के सन्दर्भ में कहा था : ''अनुवाद ऐसा होना चाहिए कि पाठक यथासम्भव यह भूल जाए कि वह अनुवाद पढ़ रहा है। अनूदित रचना के सम्मोहन से उसे इस भ्रम में आ जाना चाहिए कि वह एक मौलिक रचना पढ़ रहा है।'' ऐसे अनुवाद में न तो किसी रचना को ज्यों-का-त्यों दुहराने का प्रयास किया जाता है और न ही यह जानबूझकर की गई जालसाज़ी (मूल के साथ) होती है। ऐसे अनुवाद के रूप में वस्तुत: एक नयी कृति, एक नयी संरचना बल्कि दो रचनाओं के सहयोगी प्रयास से एक ऐसी संरचना जन्म लेती है जो मौलिक प्रतीत होती है।

पहले प्रकार के अनुवाद में, लक्ष्य-भाषा में, स्रोत भाषा की आवाज को सुरक्षित रखने का अर्थ होता है—

1. मूल लेखक की स्थिति प्रधान/प्राथमिक होती है। अनुवाद उसका अनुगामी होता है।
2. मूल लेखक की आवाज को यथासम्भव, यथावत् बनाए रखा जाता है।
3. मूल लेखक के पक्ष में अनुवादक की आवाज का दमन होता है।

दूसरे प्रकार के अनुवाद में स्रोत भाषा के लेखक की आवाज लक्ष्य-भाषा के प्रति समर्पित हो जाती है। जिसका परिणाम होता है :

1. अनुवादक की स्थिति प्रधान या प्राथमिक होती है और अनुवाद उसी की आवाज का अनुगमन करता है।
2. वर्चस्व अनुवादक की आवाज का होता है।

3. मूल लेखक की आवाज, अनुवादक की आवाज के अधीन हो जाती है।

वर्चस्व मूल लेखक की आवाज का हो या अनुवादक का, हर स्थिति में अनुवाद के लिए सहजता अनिवार्य होती है। सहजता को परिभाषित नहीं किया जा सकता। सहजता लेखक और पाठक के बीच सम्बन्ध और विषय तथा स्थिति पर निर्भर रहती है। सहजता एक तो उस वातावरण से तय होती है जहाँ उसका प्रकाशन होता है या जहाँ से वह सम्बद्ध होती है। दूसरे, लेखक, विषय और पाठक वर्ग से जो स्वयं भी उस परिवेश से बँधे होते हैं। अभिव्यक्ति की एक ही भंगिमा एक स्थिति में बहुत सहज प्रतीत हो सकती है और दूसरी में पूरी तरह असहज या अस्वाभाविक। सहज भाषा को सामान्य भाषा समझने का भ्रम नहीं होना चाहिए। 'सहज भाषा' स्वयंसिद्ध नहीं होती। उसे क्रमशः अभ्यास से साधना पड़ता है। वह विद्वानों द्वारा प्रयोग में लाई जाने वाली 'सामान्य भाषा' से तो अलग होती ही है, उस बुनियादी भाषा से भी वह अलग होती है, जो 'औपचारिक' और 'अनौपचारिक' दोनों से भिन्न सहज रूप से समझ में आने वाली भाषा होती है। पर सहज भाषा का केन्द्रीय आधार यही बुनियादी भाषा होती है।

अनुवाद की कुछ अन्य सामान्य समस्याएँ भी होती हैं। इनमें एक महत्त्वपूर्ण समस्या शब्द सम्बन्धी समस्या होती है। ये समस्याएँ ज्ञानात्मक और रचनात्मक दोनों प्रकार के साहित्य में समान रूप से सामने आती हैं। इनमें से कुछ इस प्रकार हैं :

(क) स्रोत भाषा और लक्ष्य-भाषा के शब्दों की अर्थ परिधि की व्याप्ति में प्रायः अन्तर होता है। उदाहरण के लिए भारतीय भाषाओं में पारिवारिक सम्बन्धों के वाचक जितने शब्द मिलते हैं उनका अंग्रेज़ी में एकान्त अभाव है। ऐसे शब्दों का हिन्दी में सही अनुवाद करने में बराबर समस्या पैदा होती है। उदाहरणार्थ निम्नलिखित शब्दों को देखें :

grandson / daughter = पोता पोती / नवासा नवासी
nephew / niece = भतीजा / जी, भानजा/जी
uncle / aunt = चाचा (ची) ताऊ (ई) मौसा (सी) मामा (मी)
cousin = (भाई) मौसेरा, ममेरा, चचेरा आदि

अनुवादक को तय करना ज़रूरी होता है कि इनमें से अंग्रेज़ी का कौन-सा शब्द किस रिश्ते के लिए प्रयोग में लाया गया है।

(ख) व्यक्ति या स्थान वाचक संज्ञाओं को एक भाषा से दूसरी भाषा में अनुवाद करने में उनके भौगोलिक और ऐतिहासिक सन्दर्भ प्राय: कठिनाई पैदा करते हैं। शहरों के नाम ऐतिहासिक कारणों से बदल जाते हैं। चीन की राजधानी अब 'Peking' नहीं 'Beijing' कही जाती है। यदि किसी पुराने पाठ में उसका उल्लेख पहले नाम से किया गया हो तो उसके ऐतिहासिक सन्दर्भ को ध्यान में रखकर उसी नाम का प्रयोग करके यह स्पष्ट करना उचित होगा कि यह वर्तमान 'beijing' का पूर्व नाम है। यही स्थिति 1977 में 'Hongkong' के 'xiangong' हो जाने पर पैदा हुई। देखते-ही-देखते हिन्दी के बम्बई, कलकत्ता और मद्रास—मुम्बई, कोलकाता और चेन्नई में बदल गए। इन नामों का दूसरी भाषाओं में स्थानान्तरण बराबर सावधानी से करना होगा। ऐसे प्रसंग में सम्बद्ध देश या जनता की भावना का आदर करना भी आवश्यक होता है।

कभी-कभी एक भाषा के नगर या व्यक्ति नामों के लिए किसी दूसरी भाषा के शब्द प्रचलित हो जाते हैं जैसे जर्मनी और यूगोस्लाविया के नगरों के लिए प्रचलित इतालवी नाम Monaca (Munich), Colone (Cologne), Ayosta (Augsbarg) ऐसी स्थिति में अनुवादक को उस शब्द के पक्ष में निर्णय लेना होगा जो अधिक प्रचलित हो। यही बात क्लासिकी भाषाओं की प्राचीन संज्ञाओं के सम्बन्ध में लागू होती है। जैसे पुरानी ग्रीक के प्लतोन और लोंगिनुस नाम अंग्रेज़ी के माध्यम से हिन्दी तक पहुँचकर प्लेटो और लोंजाइनस

हो गए। प्लेटो का अरबी संस्करण अफलातून हिन्दी में व्यंग्य के लिए प्रयुक्त होता है—सामान्य अर्थ में नहीं। ऐसे प्रसंग में लोक-व्यवहार और प्रचलन को ही प्रमाण मानना चाहिए।

विशेष वर्ग में आने वाले 'पाठों' की सामान्य समस्याओं पर विचार करने के लिए पाठ-सामग्री के दो प्रधान वर्गों की कुछ विशिष्ट समस्याओं पर ध्यान देना अप्रासंगिक न होगा—

1. विज्ञान और तकनीकी।
2. रचनात्मक साहित्य।

# विज्ञान और तकनीकी

## सामान्य प्रश्न और पारिभाषिक शब्दावली

विज्ञान और तकनीकी से सम्बद्ध विषयों का अनुवाद करते समय पहला प्रश्न उन विषयों की जानकारी के बारे में उठता है। अर्थात् चिकित्सा, वनस्पति विज्ञान, भौतिकी, रासायनिकी, इंजीनियरी जैसे विषयों का अनुवाद करने के लिए क्या अनुवादक का डॉक्टर, इंजीनियर, रासायनिक, वनस्पतिशास्त्री होना ज़रूरी है? अगर ऐसा ज़रूरी हो तो हर विषय का अनुवादक अलग होगा। इसके अलावा वह विषय-विशेषज्ञ आखिर अनुवाद क्यों करना चाहेगा और फिर उसकी भाषिक-क्षमता की स्थिति क्या होगी? अनुवादक के लिए किसी विज्ञान या तकनीकी का विशेषज्ञ होना ज़रूरी नहीं होता। ज़रूरी यह होता है कि वह उस 'पाठ' को समझता हो और वह उस सामग्री में प्रयुक्त शब्दावली का जानकार (भले ही अस्थायी रूप से) हो।

विज्ञान में भाषा अवधारणा-केन्द्रित होती है और तकनीकी में वस्तु-केन्द्रित, उदाहरण : उत्पादन विषयक इंजीनियरी की सामग्री का अनुवाद करते समय Lathe, clutch, clamp, bolt, mill, shaft, crank आदि मूल शब्दों, उनके अनूदित रूपों, उनके द्वारा वाच्य वस्तुओं की बनावट, उनकी कार्य-प्रणाली और परिणामों के स्पष्ट बोध के साथ उनके कार्य-बोधक शब्दों (क्रियाओं) को जानना ज़रूरी होगा।

दूसरे प्रकार के अनुवादों से तकनीकी अनुवाद की पहचान मुख्य रूप से उसकी पारिभाषिक शब्दावली के कारण होती है, गोकि किसी पाठ में इस

शब्दावली का समावेश केवल 5–10 प्रतिशत भर होता है। उसकी बाकी विशेषताएँ और उसकी व्याकरणिक बनावट अन्य भाषायी रूपों के सदृश ही होती है।

तकनीकी की पारिभाषिक शब्दावली का अनुवाद करते समय एक बात पर विशेष ध्यान दिया जाना चाहिए। ऐसे अनेक शब्द हैं जिनका तकनीकी के विविध क्षेत्रों में अलग-अलग अर्थों में प्रयोग होता है। उदाहरण : force-power, strength, thrust आदि।

## तकनीकी भाषा के स्तर

तकनीकी भाषा का इस्तेमाल कुछ क्षेत्रों में सामान्यत: चार स्तरों पर होता है :

1. वैज्ञानिक स्तर।
2. कार्यालयीय स्तर।
3. दैनन्दिन व्यवहार का स्तर।
4. प्रचार/बिक्री का स्तर।

क्षेत्र बदलने पर प्रयोग के स्तरों में भी बदलाव आ जाता है। उदाहरण के लिए चिकित्साशास्त्र की पारिभाषिक शब्दावली मुख्यत: तीन रूपों में मिलती है :

1. **शैक्षिक** : जिसमें ग्रीक और लातिनी भाषा से चली आती वह शब्दावली होती है जिसका उपयोग शैक्षिक आलेखों में किया जाता है। उदाहरण : Philegonasia, Alba clolens। ऐसी शब्दावली का लिप्यन्तरण ही किया जाता है।
2. **व्यावसायिक** : विशेषज्ञों द्वारा प्रयुक्त शब्दावली होती है। उदाहरण : epidemic parotitis, Varicella, Scarlatina, Tetanus।
3. **लोकप्रचलित** : उपर्युक्त बीमारियों के नामों के समानांतर वैकल्पिक रूप लोक-व्यवहार में प्रचलित हैं : Mumps, chicken pox, scarlet fever, lock jaw.

जब ऐसे शब्दों के अनुवाद का प्रश्न आता है तो जैसा हम पहले कह आए हैं अनुवाद की भाषा में इनके अपने प्रचलित प्रति नामों का उपयोग ही किया जाना चाहिए, शाब्दिक अनुवाद नहीं।

तकनीकी विषयों के अनुवाद में एक समस्या और आती है। कभी-कभी लेखक किसी तकनीकी वस्तु के लिए पारिभाषिक शब्द के स्थान पर वर्णनात्मक पद का प्रयोग करता है। ऐसा प्रायः तीन स्थितियों में होता है :

1. वस्तु नयी हो, और उसे कोई नाम न दिया गया हो—इस स्थिति में अनुवाद में कोई समस्या नहीं होगी।
2. पारिभाषिक शब्द की पुनरावृत्ति बचाने के लिए।
3. अथवा किसी अन्य पारिभाषिक शब्द से अन्तर दिखाने के लिए अगर वर्णनात्मक पद का प्रयोग किया गया हो। इन दोनों स्थितियों में, यदि पारिभाषिक शब्द के लिए लक्ष्य भाषा में कोई शब्द उपलब्ध हो तो भी अनुवादक को अपने ज्ञान का प्रदर्शन करने के लिए वर्णनात्मक पद के स्थान पर पारिभाषिक शब्द का प्रयोग नहीं करना चाहिए।

## सूचनापरक साहित्य

जिस साहित्य को हम ज्ञान का साहित्य कहते हैं, उसमें विज्ञान और तकनीकी से सम्बद्ध विषयों के अतिरिक्त बड़े परिमाण में ऐसा साहित्य आता है जो सूचनाधर्मी होता है। अन्तरराष्ट्रीय संस्थाओं, बहुराष्ट्रीय और निजी कम्पनियों और अनुवाद एजेंसियों, बैंकों, सरकारी दफ्तरों में ऐसी तमाम सूचनापरक सामग्री रहती है जिसके अनुवाद की बराबर ज़रूरत पड़ती है। कठिनाई यह भी होती है कि इस सामग्री का बहुत बड़ा हिस्सा ठीक तरह न तो लिखा ही होता है और कभी-कभी उसमें गलतियाँ भी होती हैं। ऐसी स्थिति में उनके तथ्यों को सही करने और शैली को सुधारने की जिम्मेदारी भी अनुवादक की

हो जाती है। यह विडम्बना ही है कि अनूदित सामग्री के बारे में लाख नाक-भौं सिकोड़ने के बावजूद, इस तरह की सामग्री के अनुवाद मूल से कहीं बेहतर होते हैं या कम-से-कम उन्हें बेहतर होने का प्रयास करना चाहिए। ऐसी सामग्री के अपने पारिभाषिक शब्द होते हैं। इन शब्दों के अधिकारिक स्तर पर अनुवाद करके उन्हें मान्यता दे दी गई है। विडम्बना यह है कि इन शब्दों के प्रयोग से भाषा का सहज प्रवाह बाधित होता है। अनुवादक इस शब्दावली का प्रयोग करने के लिए बाध्य है। ऐसी स्थिति में वह अधिक-से-अधिक इनकी पठनीयता और सहजता बनाए रखने का प्रयास ही कर सकता है।

बहुत से शब्द ऐसे होते हैं जो न ठेठ विज्ञान और तकनीकी में आते हैं और न ही ठेठ साहित्य में। ऐसे शब्द दोनों की परिधि पर तो होते ही हैं, सामाजिक व्यवहार और व्यापार में बराबर उपयोग में आते हैं, अत: अनुवादक का इनके प्रति वही रवैया होना चाहिए जो सामाजिक-सांस्कृतिक शब्दावली के बारे में होता है।

## साहित्यिक अनुवाद

अकसर कहा जाता है कि साहित्य का अनुवाद भावानुवाद होता है, शब्दानुवाद नहीं। बात एक हद तक सही भी है। साहित्यिक रचना का अनुवाद करने की प्रक्रिया में अनुवादक के सामने पहली समस्या उसकी अभिव्यंजना का **सही** अनुवाद करने की होती है। परन्तु रचनात्मक साहित्य में एक दूसरा पक्ष उसके **कलात्मक प्रभाव** का होता है जो शाब्दिक अभिव्यक्ति से ज्यादा महत्त्वपूर्ण होता है। वस्तुत: रचनाकार का लक्ष्य या प्रयोजन तो यही संवेदनशील प्रभाव होता है। अभिव्यक्ति इस साध्य का साधन होती है। अकसर अनुवाद की प्रक्रिया में अभिव्यक्ति और कलात्मक प्रकार्य के बीच टकराहट होती है, विशेषकर कविता में। चाहें तो इसे सत्य और सौन्दर्य के बीच संघर्ष कह सकते हैं। अनुवादक के सामने अनाकर्षक शाब्दिक अनुवाद और आकर्षण

मुक्त अनुवाद के बीच चुनाव करने की समस्या पैदा होती है—विशेषकर कविता का अनुवाद करते समय। कहना न होगा कि आदर्श अनुवाद के लिए दूसरा रास्ता ही सही रास्ता होता है।

## लाक्षणिकता

साहित्य में कलात्मक प्रभाव को सिद्ध करने का महत्त्वपूर्ण माध्यम अभिव्यक्ति के लाक्षणिक प्रयोग होते हैं। सामान्य अभिव्यक्ति और साहित्यिक अभिव्यक्ति के बीच अन्तर की पहचान प्रायः इन्हीं लाक्षणिक प्रयोगों से होती है।

लाक्षणिक अभिव्यक्ति का शाब्दिक अनुवाद करने पर बहुधा उसका चमत्कार/सौन्दर्य नष्ट हो जाता है। ऐसी स्थिति में अनुवादक को चाहिए कि वह अपनी भाषा में किसी समानांतर अर्थ वाले प्रयोग/बिम्ब (यदि उपलब्ध हो) का प्रयोग इस बात को ध्यान में रखते हुए करे कि वह मूल के समान प्रभावी हो। अन्यथा भावानुवाद करना बेहतर होगा।

अंग्रेज़ी के 'keep the pot boiling' या 'wooden face' का समानांतर प्रयोग हिन्दी में कठिनाई से मिलेगा। 'तार टूटने न पाए' और 'संवेदनशून्य चेहरा' शायद निकटतम प्रयोग होगा क्योंकि हिन्दी में चेहरा 'पथराया' तो हो सकता है, पर उसकी अर्थ-व्यंजना भिन्न होती है। कभी-कभी लाक्षणिक अभिव्यक्ति का शाब्दिक अनुवाद भी सम्भव हो जाता है। उदाहरण : 'all that glitters is not gold' का अनुवाद यदि 'हर दमकती चीज सोना नहीं होती' किया जाए, तो बहुत अटपटा नहीं लगेगा। एक और उदाहरण लें : 'heard melodies are sweet, those un heard are sweeter' का शब्दानुवाद तो एकदम बेठिकाने होगा, लेकिन हिन्दी का प्रचलित मुहावरा 'दूर के ढोल सुहावने' काफी दूर तक वही प्रभाव उत्पन्न करने में समर्थ हो सकता है। कहने का तात्पर्य यह कि लाक्षणिक प्रयोगों का सफल अनुवाद करने की एकमात्र कसौटी होती है प्रभाव की समानांतरता, जिसे सिद्ध करने के लिए कोई निश्चित नियम नहीं होता। प्रभाव साम्य शाब्दिक अनुवाद से, समानांतर

वैकल्पिक प्रयोग से, मुक्त अनुवाद से या वर्णनात्मक टिप्पणी में से किसी से भी उत्पन्न किया जा सकता है।

कविता का एक रूप और होता है, जिसका अनुवाद लगभग असम्भव होता है। इसे अंग्रेज़ी में 'nonsense poetry' कहा जाता है। हिन्दी में इसे बोलचाल की भाषा में ऊटपटाँग कविता या बेतरतीब कविता कहा जा सकता है। ऐसी कविताओं का चमत्कार प्राय: शब्दों की सानुप्रासिकता और ध्वन्यात्मक स।दर्य में या फिर अर्थ की गुह्यरचना में होता है। उदाहरण के लिए अंग्रेज़ी की यह पंक्ति 'A ferret nippling a carrot in a garret' या हिन्दी में रघुवीर सहाय की कविता :

*अगर कहीं मैं तोता होता*
*तोता होता तो क्या होता*
*तोता होता*
*होता तो फिर*
*होता फिर क्या*
*होता क्या मैं होता तोता*
*तोता तोता तोता तोता*
*तो तो तो तो ता ता ता ता*
*बोल पट्ठे सीताराम*

इन कविताओं का सारा चमत्कार क्रमश 'rret' और 'ता' ध्वनियों पर आधारित है। ज़रूरी नहीं कि अनुवाद की भाषा में यही ध्वनियाँ चमत्कार पैदा कर सकें। नतीजतन अनुवादक को इनके समानांतर किन्हीं ऐसी ध्वनियों की तलाश ज़रूरी होगी जो ऐसा ही चमत्कारी प्रभाव छोड़ें, अन्यथा इनका व्याख्यापरक रूपान्तर करने के अलावा कोई विकल्प नहीं होगा।

साहित्य में सामान्य रूप से चार रचनात्मक विधाओं का अनुवाद किया जाता है : कविता, कहानी, उपन्यास और नाटक। इनके अतिरिक्त निबन्ध और आलोचना जैसी गद्य-विधाओं में कल्पना की उतनी प्रभावी भूमिका नहीं होती जितनी विचार और अनुभूति की। इसलिए उनके अनुवाद में व्यावहारिक

कठिनाई भी विशेष नहीं होती। उपर्युक्त विधाओं के अनुवाद में समस्या की प्रकृति भी एक-दूसरे से भिन्न होती है।

## कविता

कविता (विशेषकर प्रगीत) इन सब विधाओं में सबसे अधिक वैयक्तिक होती है। उसमें न फालतू शब्द होते हैं और न आडम्बरपूर्ण भाषा। इकाई के रूप में शब्द का जितना महत्त्व कविता में होता है उतना किसी दूसरी विधा में नहीं। शब्द, अर्थ की दृष्टि से कविता की पहली इकाई होता है। उसकी दूसरी इकाई सामान्यतः वाक्य नहीं पंक्ति होती है। अनुवादक को अर्थगत इकाई के रूप में शब्द और पंक्तियों का तो ध्यान रखना ही होता है, साथ ही उसे दो और बातों पर ध्यान देना होता है :

1. मूल के अनुरूप यति, विराम का उपयोग, ताकि मूल रचना के स्वराघात और लहजे का भी पुनःसृजन हो सके।
2. लाक्षणिक प्रयोगों का सही-सही अनुवाद भी सम्भव हो जाए।

एक और प्रश्न बिम्बों के अनुवाद के सन्दर्भ में उठता है। यद्यपि अधिकांश बिम्बों के स्रोत सार्वभौमिक, सांस्कृतिक और निजी होते हैं परन्तु अनुवादक पाठक को ध्यान में रखते हुए विदेशी संस्कृति को स्वदेशी पर्याय में रूपान्तरित करने की छूट नहीं ले सकता। उदाहरण के लिए जो शरद ऋतु कीट्स की कविताओं में कुहरिल वातावरण और रसीले फलों के मौसम का बोध कराती है, वही चीन में निरभ्र आकाश और स्वच्छ जल-स्रोतों का आभास देती है, उस मौसम का जिसमें सर्दी के मौसम के लिए कपड़ों को शिलाओं पर पीट-पीटकर धोया जाता है। अनुवादक के रूप में पाठक को, इस पृष्ठभूमि को समझकर सीधे-सीधे आत्मसात करना होगा। आवश्यकता पड़ने पर यह काम अनुवादक टिप्पणियों की सहायता से साधेगा, अपनी संस्कृति को किसी दूसरी ऋतु में बदलकर नहीं। वैसे ही जैसे यदि अजदहे चीन में आत्मीयता

और कृपालुता का अर्थ देते हैं तो अनुवादक अपनी संस्कृति के किसी समान प्रकृति के जीव को उनका स्थानापन्न नहीं बना सकता। मूल रूपक या लाक्षणिक प्रयोगों का अनुवाद यथावत किया जाना चाहिए, भले ही अनुवाद की भाषायी संस्कृति में वे प्रयोग अजनबी प्रतीत हों और पाठक को उनके आशय का अनुमान लगाना पड़े। कभी-कभी ये बिम्ब दो संस्कृतियों में समानार्थ-बोधक होते हैं—उदाहरण : सरू के पेड़ चीनी संस्कृति में पश्चिम की ही तरह कब्रिस्तान का बोध कराते हैं। ऐसे प्रसंगों में अनुवादक का काम सरल हो जाता है। संक्षेप में, कविता के अनुवादक का दायित्व होता है कि अपने पाठक पर अनुवाद के द्वारा उसी प्रभाव का पुनःसृजन करे जो मूल रचना से उस पर पड़ा था।

कविता के अनुवाद की एक और समस्या उपयुक्त छन्द के चुनाव की होती है। हर भाषा की अपनी विशिष्ट लय होती है और उसी के अनुरूप छन्द-विधान होता है। अनुवादक को सबसे पहले मूल रचना के छन्द के लिए अनुवाद की भाषा में निकटतम छन्द का चुनाव करना होता है। यद्यपि अनुप्रास-योजना काव्य-रूप का अविभाज्य अंग होती है किन्तु अनुवाद में उसका यथावत निर्वाह अकसर हो नहीं पाता।

छन्द के बाद कविता के अनुवादक को मूल पाठ में प्रयुक्त अलंकारों और बिम्बों की पुनर्रचना पर ध्यान देना होता है और अन्त में, वातावरण, विचार-बोधक शब्द और ध्वन्यात्मक प्रभावों की बारी आती है। वस्तुतः अलग-अलग ध्वनियाँ अलग तरह के संवेदन जगाती हैं। झरनों के झरने, चिड़ियों के चहचहाने और बादलों के गरजने की ध्वनि से जो प्रभाव उत्पन्न किया जाता है, वही प्रभाव मन्दिर के घंटे, फैक्ट्री के सायरन और किसी के पैरों की आहट से नहीं किया जाता। कुछ प्रभाव बोलने वाले की कंठ-ध्वनि से भी पड़ते हैं। जहाँ तक सम्भव हो अनुवादक को इन ध्वनियों के बीच अन्तर की पहचान भी होनी चाहिए और उसमें समानांतर प्रभाव उत्पन्न करने वाली ध्वनियों के चुनाव का विवेक भी होना चाहिए।

सचाई यह है कि अनुवाद चाहे कितना अच्छा हो, मूल से उसके अर्थ

में बराबर अन्तर रहेगा। वह अधिक-से-अधिक मूल की अनुगूँज ही हो सकता है। यह बात दूसरी है कि उसकी निजी शक्ति होती है। इस अर्थ में सफलतापूर्वक अनूदित कविता एक भिन्न कविता होती है।

सवाल यह है कि अनुवादक कथ्य और शिल्प में से किसको महत्त्व देता है और शिल्प के भीतर—छन्द, लय, नाद, संरचना में से किसको प्राथमिकता देता है। यह बात कविता विशेष के मूल्यों पर ही नहीं, अनुवादक के अपने काव्य-सिद्धान्तों पर भी निर्भर रहती है। इसलिए काव्यानुवाद का कोई सर्वमान्य सामान्य सिद्धान्त निर्धारित नहीं किया जा सकता। अधिक-से-अधिक विविध सम्भावनाओं की ओर ध्यान आकर्षित करके व्यावहारिक सफलता की दिशा में संकेत भर किया जा सकता है।

कविता की भाषा की भूमिका दोहरी होती है। वह कवि की संवेदना को अभिव्यक्त करती है और कलात्मक प्रभाव पैदा करती है। रचना-प्रक्रिया के दौरान इन भूमिकाओं में निकटता और संश्लेष घटित होता है। परन्तु कविता की भाषा एक हद तक कवि की निजी भाषा होती है जिसमें सामान्य भाषा के प्रतिमानों से विचलन होता है। अनुवाद की भाषा में यह विचलन कुछ और अधिक हो जाए यह सम्भावना बराबर रहती है। कविता में सबसे अधिक सफल अनुवाद मूर्त अप्रस्तुत-विधान का होता है।

## कथा-साहित्य

अनुवादक के दृष्टिकोण से, कठिनाई की दृष्टि से कविता के बाद दूसरा स्थान कहानी का है। यह बात अलग है कि यहाँ वह छन्द और अनुप्रास के झमेले से मुक्त रहता है। कहानी में ध्वन्यात्मक प्रभावों की भूमिका भी नगण्य होती है। इसके अलावा कविता की तरह कहानी की अर्थगत इकाई पंक्ति नहीं होती इसलिए अनुवादक को अपने अनुवाद को मूल की अपेक्षा थोड़ा-बहुत विस्तार देने की गुंजाइश रहती है। यूँ जितना संक्षेप रहे अनुवाद उतना ही बेहतर होता है।

हर कहानी में कुछ संकेत-शब्द होते हैं जिनमें उसके कथ्य की कुंजी

होती है। अनुवादक को कहानी के पाठ का इस दृष्टि से आलोचनात्मक विश्लेषण करना चाहिए कि उनमें से किन भाषिक इकाइयों की भूमिका केन्द्रीय है और कौन-सी हाशिए पर हैं। अनुवाद में सफलता और असफलता के अनुपात का निर्णय इसी आधार पर सम्भव होगा।

गम्भीर उपन्यासों के अनुवाद के बारे में कोई सामान्य सिद्धान्त निर्धारित करने का कोई विशेष अर्थ नहीं है। इनकी स्पष्ट समस्या होती है पाठक के लिए रचनाकार के नैतिक उद्देश्य और स्रोत भाषा की संस्कृति का सापेक्ष महत्त्व। अनुवाद की प्रक्रिया में हर रचना की अपनी अलग समस्याएँ होती हैं जिनके उदाहरण व्यक्तिवाचक संज्ञाओं के अनुवाद में, स्रोत-भाषा की रूढ़ियों में, बोली के अनुवाद में, वैयक्तिक शैली, और उस युग की और/अथवा आन्दोलन की साहित्यिक रूढ़ियों के बीच अन्तर में, और स्रोत भाषा के प्रतिमानों में दिखाई पड़ते हैं। हर रचना में इन समस्याओं से अनुवादक को उसी की जमीन पर अलग ढंग से निपटना पड़ता है।

उपन्यासों के जो अनुवाद उपलब्ध होते हैं उनमें से बहुतों का विशेष महत्त्व इस बात में है कि वे दूसरी भाषा की संस्कृति में अलग ढंग की साहित्यिक शैली और नयी अन्तर्दृष्टि का प्रवेश कराते हैं। कभी-कभी ऐसा होता है कि कुछ रचनाकारों का अनुवाद करते समय अनुवादक उनका यथावत यानी शाब्दिक अनुवाद करने का साहस नहीं जुटा पाते। प्रूस्त, कामू, काफ्का और मान के अनुवादों में अकसर यही कमी दिखाई देती है। इसका एक कारण यह है कि शब्दशः अनुवाद को मुक्त अनुवाद की तुलना में हीन समझा जाता है जबकि वास्तविकता यह है कि ऐसे सैकड़ों उदाहरण मिलते हैं जिनमें शाब्दिक अनुवाद कलात्मक दृष्टि से मुक्त अनुवाद की तुलना में हीनतर नहीं होते।

## नाटक

नाटक के अनुवाद का मुख्य उद्देश्य यह होता है कि वह सफल मंचन के योग्य हो। इसलिए नाटक का अनुवाद करते हुए अनुवादक को भी मन में

सम्भावित दर्शक को धारण करना पड़ता है। यहाँ भी स्थिति वही होती है कि मूल पाठ जितना अच्छा लिखा होगा और जितना महत्त्वपूर्ण होगा, अनुवादक दर्शक के खयाल से उसके साथ उतनी ही कम छूट ले पाएगा। इसके अलावा कथा-साहित्य की अपेक्षा उसके सामने एक अतिरिक्त कठिनाई यह होती है कि वह अस्पष्ट या अनेकार्थक प्रयोगों या सांस्कृतिक प्रसंगों का न भाष्य कर सकता है न ही स्थानीय रंग देने के लिए उसे शब्दों का लिप्यन्तरण करने की सुविधा होती है। उसकी पाठ्य-सामग्री न वर्णनात्मक होती है न व्याख्यात्मक, वह नाटकीय होती है जिसमें बल क्रियाओं पर रहता है।

नाटक के पाठ में एक तरह का अन्तर्पाठ भी होता है। शाब्दिक अर्थ और इस 'वास्तविक मुद्‌दे' के बीच अन्तर की पहचान भी अनुवादक के लिए ज़रूरी होती है। यानी वह जो कहा तो नहीं जाता पर निहितार्थ होता है। जिसे अंग्रेज़ी मुहावरे में 'बिटवीन द लाइन्स' अर्थात् लिखित पंक्तियों के बीच की खाली जगह में छिपा अर्थ कहते हैं। उदाहरण के लिए इब्सन के पात्र कहते कुछ हैं जबकि उनका अभिप्राय कुछ और होता है। अनुवादक की शब्द-संरचना में मूल पाठ के साथ इस अन्तर्पाठ के साथ न्याय करना ज़रूरी है।

नाटक के अनुवादक के सामने एक बड़ी कठिनाई तब आती है जब उसे कई शताब्दी पहले की रचनाओं का अनुवाद करना होता है। यदि मूल पाठ की रचना चार-पाँच सौ वर्ष पहले हुई हो तो जाहिर है उसके पात्र वह किताबी भाषा बोलेंगे जिसका प्रचलन आधुनिक युग में नहीं है। अनुवादक स्वभावतः चाहेगा कि उसके पात्र जीवित लगें क्योंकि वह अनुवाद आधुनिक भाषा में, आधुनिक दर्शकों के लिए कर रहा है। शब्द-समूह, सामाजिक वर्ग, शिक्षा और विशेष रूप से पात्रों के मिज़ाज में समय के अन्तराल ने जो खाई पैदा कर दी है उसे ध्यान में रखते हुए अनुवाद की भाषा को कुछ ऐसा रूप देना होगा कि उसके पात्र पुराने ढर्रे की, किताबी भाषा बोलते प्रतीत हों।

नाटक के अनुवाद के सन्दर्भ में एक विचारणीय प्रश्न और है। हर महान नाटक का अनुवाद पाठक समुदाय के मनोरंजन के साथ विद्वत्तापूर्ण गम्भीर अध्ययन और रंगमंच पर प्रस्तुति के लिए किया जाता है। अनुवादक को

अनुवाद की प्रक्रिया में इनमें से अन्तिम उद्देश्य को लक्ष्य बनाना चाहिए। अनुवादक के पाठ्य और अभिनेय रूप में कोई अन्तर नहीं होना चाहिए। विद्वानों के लिए यथावश्यक टिप्पणियाँ जोड़ी जा सकती हैं। विशेष सांस्कृतिक लाक्षणिक प्रयोगों, सन्दर्भों, व्यक्ति नामों की, जहाँ तक सम्भव हो अनूदित पाठ में ही व्याख्या कर दी जानी चाहिए।

जब किसी एक स्रोत भाषा के नाटक का अनुवाद किसी दूसरी लक्ष्य भाषा की संस्कृति में होता है तो वह अनुवाद न रहकर प्रायः रूपान्तर हो जाता है।

## बोलियों का अनुवाद

किसी कथाकृति या नाटक में भाषा के बीच बोली का प्रयोग प्रायः तीन उद्देश्यों से किया जाता है :

1. भाषा के अपबोली/या गँवारू रूप को प्रकट करने के लिए।
2. सामाजिक वर्गों के बीच अन्तर को व्यक्त करने के लिए।
3. स्थानीय संस्कृति की विशेषताओं का परिचय देने के लिए।

ऐसी स्थिति में अनुवादक का मुख्य दायित्व होगा कि वह उस बोली के प्रयोग के प्रयोजन को समझकर उसके अनुसार उसका अनुवाद करे। कहीं स्थिति के अनुरोध से उसे मूल की बोली का अनुवाद लक्ष्य भाषा की किसी बोली में करके उस प्रयोजन की सिद्धि करनी होगी। पर स्थिति यह भी हो सकती है कि वह उसका सहज भाषा में अनुवाद करने की विवशता महसूस करे। स्थानीय प्रयोगों और बोलियों के अनुवाद के बारे में कोई निश्चित नियम नहीं बनाया जा सकता।

## अनुवाद बनाम संस्कृति

किसी समुदाय की जीवन-शैली और उसके व्यवहार को उसकी संस्कृति

कहते हैं। एक विशेष भाषा इस समुदाय की अभिव्यक्ति का माध्यम होती है। भाषा का एक सार्वभौमिक रूप होता है और दूसरा वैयक्तिक। इन दोनों से भिन्न भाषा का एक सांस्कृतिक रूप होता है। सार्वभौमिक भाषा के शब्दों के अनुवाद में कोई कठिनाई नहीं होती। पर अकसर जब भाषा संस्कृति-केन्द्रित होती है तब अनुवाद में कठिनाई सामने आती है।

अधिकांश सांस्कृतिक शब्द आसानी से पहचान में आ जाते हैं, क्योंकि उनका अस्तित्व भाषा-विशेष में होता है और उनका शाब्दिक अनुवाद सम्भव नहीं होता। सांस्कृतिक रीति-रिवाजों को सामान्य भाषा में वर्णन करके समझाया जा सकता है। इन सांस्कृतिक शब्दों का विस्तार जीवन के विविध क्षेत्रों में होता है और इनका अनुवाद असम्भव नहीं तो अव्यावहारिक अवश्य होता है। उदाहरण के लिए Macoroni, Spaghettli, Pizza, श्रीखंड, खीर, रबड़ी, अंगरखा, साड़ी, Kimono, Kaftan, bike, rickshaw, चौपाल, धर्म, कर्म, आत्मा, ब्रह्म, dacha ऐसे शब्द किसी भी तरह की सामग्री में (ज्ञानात्मक या साहित्यिक) कहीं भी सामने आ सकते हैं। इन्हें non-equivalent अर्थात् ऐसे शब्द माना जाता है जिनके समानार्थक (पर्याय) नहीं होते। इनका अनुवाद नहीं किया जा सकता। इन्हें टिप्पणियों और व्याख्या के सहारे समझाकर एक भाषा से दूसरी भाषा में शामिल किया जा सकता है।

निष्कर्ष रूप में, कोई ऐसा निश्चित नियम या सिद्धान्त-व्यवस्था नहीं है जिसका पालन करने से अनुवाद की श्रेष्ठता और सफलता पूरी तरह निश्चित हो जाए। किन्तु अच्छे और सफल अनुवाद की कसौटी यही है कि वह संक्षिप्त हो, सही हो, मूल रचना के प्रति वफादार हो, साथ ही पठनीय और सहज हो।

# अनुवाद और सांस्कृतिक आदान-प्रदान

## भाषा और संस्कृति

किसी विशेष भाषा-भाषी समुदाय, समाज या वर्ग के अनुभवों, विचारों और संवेदनाओं को अन्य भाषायी समुदायों तक पहुँचाने का शायद सबसे अधिक प्रभावी माध्यम/साधन अनुवाद होता है। अभिव्यक्ति के अन्य रूपों की तरह भाषिक अभिव्यक्ति भी वक्ता या लेखक के मन्तव्य को ही नहीं बल्कि उसकी सांस्कृतिक बनावट को भी व्यक्त करती है। अर्थात् सम्पूर्ण वाङ्‌मय (मौखिक और लिखित) मानव-संस्कृति की भाषिक अभिव्यक्ति है। सतही रूप से देखने पर भ्रम हो सकता है कि वाङ्‌मय के दो प्रमुख भेदों—शास्त्र और साहित्य में से शास्त्र किसी समाज की वैचारिक बनावट और साहित्य उसकी संवेदनात्मक बनावट को व्यक्त करता है। अत: सांस्कृतिक अभिव्यक्ति की गुंजाइश शास्त्र की अपेक्षा साहित्य में अधिक होती है। परन्तु किसी समाज के वैचारिक इतिहास के पीछे उसके दीर्घकालीन अनुभव, भौतिक संघर्ष और क्रमश: विकसित जीवन-प्रणाली की प्रेरणा और योगदान होता है। भारतीय और पश्चिमी परम्पराओं की दार्शनिक अवधारणाओं के 'बीज' शब्दों पर ध्यान दें तो यह बात स्पष्ट हो जाएगी कि ये शब्द 'अर्थों' के नहीं अवधारणाओं यानी अर्थ-क्षेत्रों के वाचक हो गए हैं। ऐसे अर्थ-क्षेत्र जो दीर्घकालीन चिन्तन-मनन की प्रक्रिया में इनके साथ अभिन्न रूप से जुड़ गए हैं और इन्हें वही

समझ और सराह सकता है जिसका कुछ-न-कुछ परिचय इनकी सामाजिक-सांस्कृतिक पृष्ठभूमि से हो। उदाहरण के लिए भारतीय चिन्तन में परम सत्ता के वाचक दो शब्दों 'ब्रह्म' और 'ईश्वर' के अन्तर का बोध भारतीय चिन्तन परम्परा की जानकारी रखने वाले को ही हो सकता है। किसी अनजान या अभारतीय व्यक्ति को नहीं। इसीलिए 'ईश्वर' शब्द का अनुवाद तो अंग्रेज़ी में 'गॉड' किया जा सकता है किन्तु 'ब्रह्म' का समानार्थी शब्द अंग्रेज़ी में नहीं मिलेगा। ठीक यही स्थिति 'पैगम्बर' और 'मसीहा' और बौद्ध-दर्शन के 'निर्वाण' की है। समानार्थी शब्दों के अभाव में अनुवाद करने के बजाय तमाम भाषाओं में इनका लिप्यन्तरण करके इन्हें अपनी भाषा के शब्दों में शामिल कर लिया गया है।

यह स्थिति केवल दार्शनिक अवधारणाओं के सम्बन्ध में ही नहीं, रीति-रिवाजों, खान-पान, रहन-सहन की वस्तुओं, यहाँ तक कि साहित्य-शास्त्र के सिद्धान्तों और विधाओं के सम्बन्ध में भी सही है। इसीलिए वस्तुओं, त्योहारों, रीति-रिवाजों के वाचक शब्द अकसर एक भाषा से दूसरी भाषा की लिपि में रूपान्तरित होकर चले जाते हैं। कभी-कभी अनुवाद की भाषा में उनका भाषायीकरण कर दिया जाता है, और तब ऐसे शब्द अपना व्युत्पत्यर्थ छोड़कर मूल शब्द से जुड़े अर्थ या अवधारणा का बोध कराने लगते हैं। अंग्रेज़ी के Tragedy और Comedy से जिन नाट्य-रूपों का बोध होता है हिन्दी में 'दुखान्त' और 'सुखान्त' शब्द ठीक वही बोध नहीं कराते, इसीलिए हिन्दी में उनके लिए 'त्रासदी' और 'कामदी' जैसे शब्द गढ़कर प्रचलित कर दिए गए हैं। गोकि व्युत्पत्यर्थ करने पर इन दोनों शब्दों का वही अर्थ नहीं होगा जो अंग्रेज़ी के 'ट्रेजेडी' और 'कॉमेडी' का है।

अनुवाद के सिद्धान्तों की चर्चा के प्रसंग में यह माँग बराबर की जाती रही है कि पारिभाषिक शब्दावली का शाब्दिक अनुवाद करने या गढ़ने की कृच्छ-साधना करने के बजाय, आयातित विचार, वस्तु, आविष्कार या अवधारणा के साथ शब्दों का आयात भी कर लिया जाना चाहिए। क्योंकि शब्दों का वस्तुगत, विचारगत, अवधारणागत अर्थ तो होता ही है, उनका सांस्कृतिक सन्दर्भ भी

होता है। इसीलिए अनुवाद की भाषा में समानार्थक या निकट समानार्थक शब्द के अभाव में प्राय: संकट की स्थिति का सामना करना पड़ता है।

## अनुवाद की अवधारणा

अनुवाद का इतिहास विश्व की अधिकांश भाषाओं में बहुत पुराना है। अनुवादों के माध्यम से विभिन्न भाषा-समाजों के अनुभव और चिन्तन का आदान-प्रदान तो होता ही रहा है, कभी-कभी मूल के नष्ट हो जाने पर अनुवादों ने मूल संस्कृति की सोच और संवेदन को सुरक्षित रखने का महत्त्वपूर्ण दायित्व भी निभाया है। यह परम्परा लगभग 2000 वर्ष पुरानी है। अनुवादों की दुनिया के केन्द्र में इन हजारों वर्षों के दौरान विश्व की श्रेष्ठतम साहित्यिक और शास्त्रीय रचनाएँ रहीं। जब-जब अनुवाद की पद्धति की समस्या पर विचार हुआ तो बहस प्राय: 'शब्द' और 'अभिप्राय' के बीच चले आ रहे द्विभाजन के बारे में, और 'वफादार' यानी 'बद्ध' और 'मुक्त' अनुवाद के प्रश्न पर की गई। दूसरे महायुद्ध के बाद सहसा स्थिति में बदलाव आया। अनुवाद को विज्ञान का दर्जा देकर उसे भाषाशास्त्रीय अध्ययन की उप-शाखा मान लिया गया और उस पर नियत विज्ञान का—विशेषकर गणित और तर्कशास्त्र का दृष्टिकोण और पद्धति लागू की जाने लगी। भाषाओं को सार्वभौमिक सिद्धान्तों से सम्बद्ध 'कोड' के रूप में देखा जाने लगा और दो भाषाओं के विभिन्न तत्त्वों की पारस्परिक सम्बद्धता का वर्णन तुलनात्मक पद्धति से समानार्थकता के आधार पर किया गया।

बीसवीं सदी के नवें दशक में विशेष रूप से जर्मनी में जो नयी दृष्टियाँ सिलसिलेवार सामने आई हैं उनमें भाषायी स्थानान्तरण के बजाय सांस्कृतिक सम्प्रेषण पर बल दिया गया है। उनमें अनुवाद को कूटान्तरण की नहीं सम्प्रेषण की क्रिया के रूप में देखा गया है। इस नयी दृष्टि के अनुसार, अनुवाद, लक्ष्य भाषा में अनूदित पाठ के प्रकार्य को ध्यान में रखकर किया जाना चाहिए। उसका नियमन मूल पाठ के द्वारा नहीं होना चाहिए। अर्थात् अनुवाद

भविष्यप्रभावी कार्य माना जाने लगा पूर्वप्रभावी नहीं। अनूदित रचना के प्रति यह नयी दृष्टि किसी पाठ को भाषा विशेष का अलग और अनोखा नमूना नहीं बल्कि विश्व का अभिन्न अंग स्वीकार करने लगी।

इस मत के समर्थक विद्वानों ने बराबर इस धारणा का विरोध किया है कि अनुवाद केवल भाषा सम्बन्धी मसला है। इनके अनुसार यह मूलत: संस्कृति के स्थानान्तरण की समस्या है और इसलिए अनुवादक को अनेक नहीं तो कम-से-कम दो संस्कृतियों की समझ होनी चाहिए। वरमिअर ने अनुवाद सम्बन्धी अपनी अवधारणा को स्पष्ट करते हुए कहा है :

## अनुवाद : प्रकार्यात्मक और सांस्कृतिक

अनुवाद एक भाषा के शब्दों या वाक्यों का दूसरी भाषा में कूटान्तर मात्र नहीं है। यह एक जटिल कर्म है जिसके द्वारा कोई व्यक्ति एक नयी स्थिति और बदली हुई प्रकार्यात्मक, सांस्कृतिक और भाषायी हालातों में पाठ (स्रोत भाषा की सामग्री) के बारे में सूचनाएँ प्रदान करता है। ऐसा करते हुए वह उसकी अभिव्यक्तिगत विशेषताओं को यथासम्भव सुरक्षित रखता है।

इस स्थापना के सबसे सटीक उदाहरण विज्ञापनों के अनुवाद में दिखाई पड़ते हैं। इस धारणा के अनुसार अनुवाद का अस्तित्व ही नहीं होता। वह अपने निर्धारित प्रकार्य पर निर्भर रहता है। कोई भी पाठ एक स्थिति विशेष में गहराई तक स्थापित होता है। इस स्थिति की नियामक सामाजिक-सांस्कृतिक पृष्ठभूमि होती है। इसलिए अनुवाद का स्वरूप लक्ष्य संस्कृति में रोपे गए पाठ के प्रकार्य पर निर्भर रहता है। उदाहरण के लिए यदि हिन्दी के निम्नलिखित वाक्य का अनुवाद किसी अभारतीय भाषा में करना हो तो अनुवाद का स्वरूप इस बात से तय होगा कि उस भाषा में अनूदित वाक्य का प्रकार्य क्या है :

'उसने मंगलसूत्र उतारकर जमीन पर फेंक दिया'

जाहिर है इस वाक्य के शाब्दिक अनुवाद से किसी विदेशी भाषा में कुछ

सम्प्रेषित नहीं किया जा सकता। न केवल 'मंगलसूत्र' शब्द बल्कि उसे जमीन पर फेंकने की क्रिया के सांस्कृतिक निहितार्थ का जो अनुवाद किया जाएगा उसके स्वरूप का निर्धारण लक्ष्य भाषा में इसके प्रकार्य से होगा।

सिद्धान्ततः अनुवाद का पाठक, मूल रचनाकार और उसकी भाषा के पाठक से भिन्न भाषा या सांस्कृतिक समुदाय का सदस्य होता है। अतः मूल पाठ और अनूदित पाठ की व्यवहार्यता के बीच अनिवार्य रूप से अन्तराल होता है। इसलिए अनुवाद की राह में दो कठिन बाधाएँ आती हैं। पहले तो दो भाषाओं में प्रतिबिम्बित व्यावहारिक अन्तर को पाटने की समस्या और दूसरे उन विशिष्ट व्यावहारिक सन्दर्भों में व्यक्त होने वाले अन्तरों को पाटने की समस्या जो किन्हीं ऐतिहासिक, सामाजिक और सांस्कृतिक परिस्थितियों पर निर्भर होते हैं। इन समस्याओं को पार करने के बाद ही अनुवादक मूल रचनाकार के अभिप्राय को अनुवाद के पाठक तक पहुँचाने में सफल हो सकता है।

रचनाकार जब अपने भाषा-समुदाय के पाठकों के लिए लिखता है तो वह सामूहिक-स्तर पर कम-से-कम भाषा की व्यावहारिकता का ध्यान रखता है लेकिन केवल अपनी भाषा और संस्कृति से जुड़े समुदाय का। वह उन समुदायों के सामूहिक व्यवहार का अनुमान नहीं कर सकता जिनके भविष्य में कभी उसकी रचना के अनूदित होने की सम्भावना हो। यह अनुवादक का दायित्व है कि वह अनुवाद के दौरान मूल और अनूदित रचना के बीच एक ऐसी सांस्कृतिक छलनी का सन्निवेश करे जिसके द्वारा दो विभिन्न भाषा-भाषी और सांस्कृतिक-समुदायों के बीच सामान्यतः वर्तमान छोटे-बड़े व्यावहारिक अन्तरों के बीच सन्तुलन स्थापित हो जाए।

एक दृष्टि से पूरा विश्व अलग-अलग जातियों, राष्ट्रों, भाषा-समुदायों, धर्मों और संस्कृतियों में बँटा है। कभी-कभी एक ही देश या राष्ट्र में यह विभिन्नता दिखाई पड़ती है और कभी विभिन्न राष्ट्रों और भाषा-समुदायों के बीच। हर समुदाय का अपना साहित्य होता है जो उसकी संस्कृति की भाषिक अभिव्यक्ति का माध्यम होता है। परन्तु एक दूसरी दृष्टि से हम बराबर विश्व-

संस्कृति की अर्थात् मानव-संस्कृति की कल्पना और चर्चा करते हैं। हर साहित्य का इस विश्व-संस्कृति के बीच वास्तविक अस्तित्व होता है। जब किसी एक साहित्य का अनुवाद किया जाता है तो वह अनुवाद जिस मूल भाषा की रचना होती है उसके दृष्टिकोण के साथ-साथ उस भाषा के दृष्टिकोण को भी व्यक्त करता है जिसमें अनुवाद किया जाता है।

कुछ लोगों के लिए अनुवाद की सार्थकता केवल सांस्कृतिक सूचनाओं के स्रोत के रूप में हो सकती है। कभी-कभी अनुवादों के द्वारा मूल भाषा के अनुकरणीय मॉडल लक्ष्य भाषा तक पहुँचते हैं। इसके अलावा, विश्व के महान ऐतिहासिक आन्दोलनों की प्रेरणा के मूल में अनूदित साहित्य की महत्त्वपूर्ण भूमिका से इनकार नहीं किया जा सकता। विभिन्न देशों में समय-समय पर होने वाले स्वाधीनता संघर्ष, नवजागरण, तख्ता-पलट क्रान्तियाँ, आधुनिकीकरण की प्रक्रिया—विश्व स्तर पर पारस्परिक आदान-प्रदान से कैसे प्रेरणा ग्रहण करती रही है यह सर्वविदित है। इसका सबसे बड़ा प्रमाण हर भाषा के अनूदित साहित्य का इतिहास है। किन्हीं विशेष ऐतिहासिक दौरों में अनुवाद के लिए किन भाषाओं की कौन-सी रचनाओं का चुनाव किया गया, यदि इस वास्तविकता का विश्लेषण किया जाए तो अनूदित रचनाओं के सांस्कृतिक प्रकार्य की सहज रूप से व्याख्या की जा सकती है।

यूरोप के मध्ययुगीन पुनर्जागरण, रोमांटिक आन्दोलन, भारतीय नवजागरण, स्वाधीनता आन्दोलन, स्वच्छन्दतावाद, आधुनिकीकरण की प्रक्रिया सबके मूल में प्रेरक साहित्य का अधिकांश अनुवादों के माध्यम से ही सुलभ हुआ—इतिहास इसका गवाह है। पिछली सदी से तीसरी दुनिया के देशों की रुचि यदि दक्षिणी अफ्रीका तथा प्रवासी अश्वेत रचनाकारों में तेजी से बढ़ी है, तो इसका गहरा सम्बन्ध सामाजिक वर्ग-भेद और दलित समस्या के प्रति बढ़ती जागरूकता से है। ऐसे साहित्य का अनुवाद विदेशी साहित्य में व्यक्त मनोवेगों के प्रति निष्क्रिय समर्पण के लिए नहीं किया जाता, बल्कि यह एक हद तक ऐसा आक्रामक कर्म होता है जिसके द्वारा हम विदेशी सांस्कृतिक मूल्यों को अपना बना लेते हैं। उदाहरण के लिए मिल्टन के 'पैराडाइज लास्ट', तुलसी

के रामचरितमानस, वाल्मीकि रामायण, व्यास के महाभारत या कालिदास और शेक्सपियर के नाटकों का अनुवाद भाषा विशेष की रचनाओं की हैसियत से नहीं समग्र मानव-जाति, और मानव-संस्कृति की रचनाओं के रूप में किया जाता है। ऐसी रचनाओं के अनुवाद हमें उस बृहत्तर विश्व की जानकारी देते हैं, जिसके हम निवासी हैं।

अनुवाद केवल जानकारी के स्रोत नहीं होते। जब एक भाषा की रचनाएँ अनूदित रूप में दूसरी भाषा के संसार में प्रवेश करती हैं, तो उनके साथ नयी अवधारणाओं, नयी विधाओं, अभिव्यक्ति की नयी भंगिमाओं और मौलिक प्रयोगों की एक पूरी दुनिया स्रोत भाषा से लक्ष्य भाषा में आ जाती है। ऐसे अनुवाद एक संस्कृति पर दूसरी संस्कृति के रचनात्मक प्रभाव के वाहक होते हैं।

## अनुवाद : एक अन्तःसांस्कृतिक घटना

भाषा चूँकि संस्कृति का अन्तरंग हिस्सा होती है इसलिए अनुवाद तत्त्वतः एक विशेष प्रकार का कर्म होता है, जिसकी व्याख्या अन्तर सांस्कृतिक घटना के रूप में की जा सकती है। यह बात हिन्दी, गुजराती, बंगला-असमिया या अंग्रेज़ी-जर्मन जैसी निकट सम्बद्ध भाषा युग्मों पर भी लागू होती है और चीनी और स्लाविक जैसी भाषाओं पर भी जिनके बीच बहुत दूरस्थ सांस्कृतिक सम्बन्ध हैं। ऐसी स्थिति में अनुवादक के लिए दोनों भाषाओं और उनसे सम्बद्ध संस्कृतियों की कुछ-न-कुछ जानकारी ज़रूरी होती है।

दरअसल, अनुवाद दो संस्कृतियों के बीच सम्पर्क स्थापित करने के तरीकों में से एक तरीका, और बहुत प्रभावी तरीका है। शायद यह कहना ज्यादा सही होगा कि अनुवाद भाषाओं का नहीं संस्कृतियों का होता है। इसीलिए किसी अनुवाद का कठिन या सरल होना सम्बद्ध संस्कृतियों के बीच निकटता की मात्रा, अर्थात् पारस्परिक समानता पर निर्भर रहता है। जिस संस्कृति की भाषा में अनुवाद किया जा रहा हो, यदि उसमें मूल संस्कृति से

सम्बद्ध किसी वस्तु, अवधारणा, सामाजिक संस्था तथा व्यवहार-पद्धति का अभाव हो तो अनुवादक को लक्ष्य भाषा में अभिव्यक्ति के किसी ऐसे साधन को खोजना पड़ेगा जिसके द्वारा मूल पाठ का कथ्य समग्रता में लक्ष्य भाषा के पाठक तक पहुँच जाए।

## अनुवाद की प्रक्रिया और पद्धति

अनुवादक के सामने जब दो संस्कृतियों की भाषा—इतर वास्तविकताओं या शाब्दिक मानचित्र में अन्तर की समस्या आती है तो वह दोनों के बीच संगति बैठाने के लिए नाना प्रकार की पद्धतियों का सहारा लेता है। वह शब्द उधार लेता है, व्याख्या करता है, शब्दानुवाद करता है, शब्द-विशेष के लिए स्थानापन्न खोजता है, शब्द-निर्माण करता है। कभी-कभी कुछ छोड़ या जोड़ देता है।

स्रोत भाषा से सम्बद्ध संस्कृति की विशिष्टता के बोधक शब्द प्राय: ज्यों-के-त्यों लक्ष्य भाषा में स्वीकार कर लिए जाते हैं। जब उनका प्रयोग लक्ष्य भाषा में होता है तो वे अपने साथ शाब्दिक नहीं सांस्कृतिक अर्थ अर्थात् अर्थ-क्षेत्र लेकर आते हैं। 'पब' और 'क्लब' दोनों शब्द इसके सटीक उदाहरण हैं। हिन्दी के रचनाकारों ने इन शब्दों के समानांतर शब्द गढ़ने या उनका लचर अनुवाद करने के बजाय उन्हें ज्यों-का-त्यों स्वीकार कर लिया है। जब इन शब्दों का प्रयोग हिन्दी में होता है तो इनसे जो 'बिम्ब' बनते हैं या जिन स्थानों का बोध होता है उनका सांस्कृतिक सन्दर्भ यूरोपीय संस्कृति है, भारतीय नहीं। एक बार प्रचलित हो जाने के बाद ऐसे शब्द मुक्त भाव से लक्ष्य भाषा में वैसे तमाम सन्दर्भों और परिस्थितियों के लिए प्रयुक्त होने लगते हैं जिनके लिए उनका प्रयोग स्रोत भाषा में किया जाता है।

जहाँ शब्द सन्दर्भ का वाचक न हो या उसे उधार लेना कारगर न हो वहाँ अनुवादक व्याख्या की सहायता से कथ्य को समग्रता में पाठक तक सम्प्रेषित करता है। अनुवादक का लक्ष्य होता है जो जानकारी के दायरे से बाहर हो उसे जानकारी के दायरे के भीतर ले आना।

ऐसी सामग्री के सन्दर्भ में शब्दानुवाद विशेष रूप से उपयुक्त और आवश्यक होता है जहाँ कानूनी अनुबन्ध, दार्शनिक या वैज्ञानिक मौलिक चिन्तन या राजनीतिक दृष्टि से नाजुक मसले अनुवाद के विषय हों। इनकी स्थिति उस 'पवित्र' सन्देश की-सी होती है जिसकी व्याख्या हर हालत में गृहीता अपने ढंग से करता है।

अनुवाद के दौरान कभी-कभी ऐसी स्थिति सामने आती है जब किसी संस्कृति-विशेष का कोई विशिष्ट तत्त्व दूसरी संस्कृति में नहीं होता। स्थिति यह भी हो सकती है कि इन दोनों संस्कृतियों के बीच स्पष्ट रूप से किसी तत्त्व के होने या न होने का सन्दर्भ न होकर वे आंशिक रूप से परस्परव्यापी हों। ऐसे में अनुवादक प्रतिस्थापन का सहारा लेता है। अर्थात् जहाँ लक्ष्य भाषा में एकदम वैसे ही नहीं, बल्कि उसके कुछ-कुछ समान तत्त्व दिखाई पड़ते हैं वहाँ अनुवादक इस आंशिक समानता का पूरा-पूरा लाभ उठाकर, इसका प्रयोग पूर्णत: समानार्थक रूप में कर लेता है। अनुवादक के लिए यह निर्णय सरल नहीं होता और यह बहुत कुछ इस बात पर निर्भर होता है कि दोनों तत्त्वों के बीच सांस्कृतिक निकटता कहाँ तक है। गोकि यह निर्णय लेते समय अनुवादक के लिए स्रोत-संस्कृति के तत्त्वों की भाषिक अभिव्यक्ति का विशेष महत्त्व नहीं होता क्योंकि लक्ष्य संस्कृति के पास अपने सांस्कृतिक तत्त्व के लिए सहज वाचक शब्द होते हैं जो आंशिक रूप से स्रोत संस्कृति के तत्त्वों से भी मेल खाते हैं।

इस प्रकार के चुनाव का सबसे बड़ा लाभ इसकी भाषिक और सांस्कृतिक पारदर्शिता होती है। पाठक को न ऐसी शब्दावली को समझने में कठिनाई होती है और न उन अवधारणाओं को पहचानने में जिनका वह बोध कराती है। इस प्रक्रिया की मुख्य कमी यह होती है कि इसके द्वारा वे अवधारणाएँ, जो वस्तुत: समरूप नहीं होतीं कुछ ऐसे पहचानी जाती हैं कि उनमें से विदेशी संस्कृति का अनूठापन विलुप्त हो जाता है।

निष्कर्ष रूप में कहा जा सकता है कि अनुवाद केवल एक भाषा के पाठ का दूसरी भाषा के पाठ में रूपान्तरण भर नहीं होता, वह सांस्कृतिक सम्प्रेषण

होता है। इसलिए अनुवादक के लिए मूल रचनाकार के जीवित यथार्थ की जानकारी तो आवश्यक होती ही है, यह निर्णय भी महत्त्वपूर्ण होता है कि वह किस पाठक वर्ग के लिए अनुवाद कर रहा है और यह भी कि अनूदित कृति का सम्भावित प्रकार्य क्या होगा। यही कारण है कि विश्व की सभी भाषाओं और साहित्यों के इतिहास में ऐसे दौर वर्तमान हैं जब मौलिक लेखन के साथ दूसरी भाषाओं से अनुवाद की ओर विशेष रुझान दिखाई पड़ता है। किसी भाषा के किसी विशेष ऐतिहासिक दौर में अनुवाद के लिए किन भाषाओं के किन रचनाकारों की किन रचनाओं का चयन किया गया यदि इस बात का अध्ययन किया जाए तो इस चुनाव की प्रेरक दृष्टि से इस बात की सहज पहचान की जा सकेगी कि अनुवाद मूलतः और अन्ततः सांस्कृतिक कर्म भी है और सांस्कृतिक आदान-प्रदान का सबसे सशक्त और कारगर माध्यम भी।

# अनुवाद और मानविकी

## ( दर्शन, ललित कलाएँ आदि )

अनुवाद की विधि का निर्णय बहुत कुछ विषय की प्रकृति के आधार पर किया जाता है। सामान्य धारणा है कि अनुवाद की दो मुख्य पद्धतियाँ होती हैं— शाब्दिक और मुक्त। इनमें से पहली का प्रयोग विचार और सूचनाधर्मी विषयों के अनुवाद में किया जाता है और दूसरी का भावमूलक और अनुभवात्मक विषयों के अनुवाद में। विज्ञान, विधि, तकनीकी, वाणिज्य और अर्थशास्त्र जैसे विषय पहले वर्ग में आते हैं और साहित्य दूसरे वर्ग में। विषयों का एक तीसरा वर्ग होता है जिसकी गिनती साहित्य की तरह 'मानविकी' के अन्तर्गत की जाती है, परन्तु अनुवाद की दृष्टि से वह उपर्युक्त दोनों वर्गों की सीमाओं का स्पर्श करता है। इस वर्ग में दर्शनशास्त्र और साहित्येतर ललित कलाओं की गणना की जाती है।

इन विषयों में, साहित्य की तुलना में विचार, अवधारणा और तकनीक का हस्तक्षेप अधिक होता है। इसके साथ ही जिस समाज की ये उपज होते हैं उसकी सांस्कृतिक विरासत, सामाजिक रीति-रिवाज, पर्यावरण और परम्पराएँ सभी इन पर गहरा प्रभाव छोड़ती हैं। इसलिए जब इन विषयों के अनुवाद का सन्दर्भ होता है तो न इनका पूरी तरह शब्दानुवाद किया जा सकता है न एकदम शब्द-मुक्त भावानुवाद। इनमें वाक्यार्थ की पूरी तरह उपेक्षा नहीं की जा सकती क्योंकि इनमें शब्दों के प्रायः नियतार्थ होते हैं परन्तु अवधारणात्मक अनुषंग के कारण ये अर्थ शब्द के कोशगत अर्थ का अतिक्रमण करते हैं।

उदाहरण के लिए दर्शन के प्रसंग में यदि किसी को वेदान्त के मूल सूत्र 'अहम् ब्रह्मास्मि' और 'तत्त्वमसि' का अंग्रेज़ी अनुवाद करना हो तो पहली कठिनाई तो 'ब्रह्म' और 'आत्मा' जैसे पारिभाषिक पदों को लेकर ही सामने आएगी। ये शब्द जिन अवधारणाओं को प्रस्तावित करते हैं, उनका विकास सदियों के चिन्तन-मनन और शास्त्रार्थ के बाद हुआ है। ये किसी निश्चित अर्थ को नहीं एक पूरे 'अर्थ-वृत्त' का बोध कराते हैं। ऐसे अवधारणात्मक पदों का अनुवाद नहीं लिप्यन्तरण किया जाना चाहिए। इन सूत्रों का अनुवाद होगा : 'I am Brahman, so are you' यहाँ ब्रह्म शब्द का अनुवाद 'god' उचित नहीं होगा। 'god' अधिक-से-अधिक 'ईश्वर' की भारतीय अवधारणा का बोध करा सकता है 'ब्रह्म' का नहीं। क्योंकि 'ब्रह्म' को अद्वैत दर्शन परम्परा में 'नेति नेति' कहकर अपरिभाषेय घोषित किया गया है। इस बात का और खुलासा करने के लिए एक व्यावहारिक उदाहरण देखिए। हताशा, विस्मय या कभी-कभी उल्लास की अभिव्यक्ति के लिए जब हम सहसा 'O god!' कहते हैं तो उसका अनुवाद 'हे ब्रह्म' नहीं, 'हे ईश्वर' ही किया जाता है।

यह कठिनाई केवल 'ब्रह्म' के बारे में ही नहीं 'आत्मा', 'सांख्य', 'मीमांसा', 'न्याय' जैसी तमाम संज्ञाओं/अवधारणात्मक पदों के सन्दर्भ में सामने आती है। ऐसी स्थिति में शब्द का लिप्यन्तरण करके उसे यदि आवश्यकता हो तो व्याख्यात्मक टिप्पणी से समझाया जाना चाहिए। कभी-कभी कुछ सजातीय शब्दों की अर्थच्छाया में अन्तर होता है। ऐसे शब्दों के कुछ समानांतर शब्द लक्ष्य भाषा में भी मिल जाते हैं। वहाँ किस शब्द के लिए कौन-सा पर्याय चुना जाए इसके लिए सावधानी बरतनी होती है। उदाहरण के लिए हिन्दी के शब्द हैं : 'जगत', 'संसार', 'विश्व', 'ब्रह्मांड', 'दुनिया'। अंग्रेज़ी के समानांतर शब्द हैं : world और universe. हिन्दी के उपर्युक्त पाँच शब्दों के लिए अंग्रेज़ी के दो शब्दों में से किसका प्रयोग कहाँ होगा, इसका निर्णय सन्दर्भ को ध्यान में रखते हुए करना होगा। अधिक सम्भावना यही है कि 'विश्व' और 'ब्रह्मांड' का अनुवाद 'universe' किया जाएगा और 'संसार', 'जगत' और 'दुनिया' का 'world'। पर यदि सन्दर्भ शुद्धाद्वैत दर्शन का होगा तो वहाँ

'जगत' और 'संसार' में भी अर्थ-भेद है। 'जगत' वहाँ ईश्वरीय सृष्टि है और 'संसार' की रचना जीव अपने चारों ओर स्वयं करता है। इसलिए हो सकता है कि सन्दर्भ-भेद से कहीं 'जगत' का अनुवाद 'universe' और 'संसार' का 'world' करना पड़े। शायद 'जीव' ही एक ऐसा शब्द है जिसका अनुवाद प्राय: 'being' ही किया जाता है।

यह समस्या ध्यान से देखा जाए तो विषय की नहीं, शब्द से जुड़ी अवधारणा और सन्दर्भ की अधिक होती है। कभी-कभी एक ही शब्द का प्रयोग दो अलग सन्दर्भों /विषयों में अलग-अलग अर्थों में किया जाता है। सन्दर्भ भेद से उनका अनुवाद भी अलग ढंग से होता है। शब्दों के कोशगत अर्थ को छोड़कर उनके प्रतिशब्द गढ़े भी जाते हैं। साहित्य के सन्दर्भ में Tragedy और Comedy का जिस अर्थ में प्रयोग यूनानी काव्यशास्त्र में किया जाता है हिन्दी में अनुवाद के लिए उनके कोशगत अर्थ व्यर्थ हो जाते हैं। इसीलिए साहित्य में 'दुर्घटना' या 'दुखान्तिकी' को नाकाफी पाकर ध्वनिसाम्य के आधार पर उनका अनुवाद 'त्रासदी' और 'कामदी' कर लिया गया। समय के प्रवाह में ये शब्द प्रचलित होकर इन विधाओं के लिए रूढ़ हो गए अन्यथा इनका व्युत्पत्यर्थ मूल शब्द के साथ जुड़ी अवधारणा के साथ बिलकुल न्याय नहीं करता। इसलिए इनका देवनागरी में लिप्यन्तरण करना ज्यादा उचित होता।

इसी तरह का एक उदाहरण 'वर्ण' शब्द है जिसका प्रयोग साहित्य और चित्र दोनों में होता है और अलग अर्थों में। अनुवाद करते समय यह अन्तर और सन्दर्भ ओझल नहीं होना चाहिए। आधुनिक युग में ऐसे तमाम शब्दों का प्रयोग अलग-अलग कलाओं में या तो अलग-अलग अर्थों में होता है, अथवा जब किसी शब्द का आयात किया जाता है तो उसका अर्थ भी साथ चला आता है। बदले सन्दर्भ में ऐसे शब्द नयी अर्थ-व्यंजनाओं से युक्त हो जाते हैं। अंग्रेज़ी के texture और structure ऐसे ही शब्द हैं जो आंग्ल-अमेरीकी आलोचना के प्रभाव से जब हिन्दी में ग्रहण किए गए तो उनका अनुवाद क्रमश: 'बुनावट' और 'बनावट' कर लिया गया। जाहिर है कि हिन्दी के ये

शब्द ठेठ काव्यशास्त्र या सैद्धान्तिकी के शब्द नहीं हैं, पर साहित्यालोचन में आ जाने के बाद इनका वही अर्थ नहीं रह गया जो कपड़े और इमारत (वास्तुकला) के सन्दर्भ में होता है। ये कलाकृति की रूपगत संरचना की विशेषताओं का विश्लेषण करने के लिए प्रयोग में लाए जाने लगे।

अस्तित्ववादी जीवन-दर्शन ने दूसरे विश्वयुद्ध के उपरान्त तमाम यूरोपीय, अमरीकी और एशियाई देशों की विचारधारा और कला-चिन्तन पर व्यापक प्रभाव डाला। परिणामत: बहुत से साधारण प्रतीत होने वाले शब्द विचारधारात्मक अर्थ से संवलित होकर असाधारण अर्थों के वाचक हो गए। उदाहरण के लिए Outsider, being, nothingness, alienation, absurd, आदि। यह क्रम बाद में उत्तर आधुनिकतावाद में भी जारी रहा। उत्तर आधुनिकतवादी सोच के text, discourse और deconstruction जैसे प्रिय शब्द हिन्दी में लगभग तत्काल 'पाठ', 'विमर्श' और 'विखंडन या विरचन' के रूप में अनूदित होकर धड़ल्ले से प्रयोग में लाए जाने लगे। ऐसे शब्दों के अनुवाद के सम्बन्ध में ध्यान देने की बात यह है कि जब कोई शब्द बहुत प्रचलित हो जाता है तो प्रचलन और व्यवहार भी उसे वैधता प्रदान कर देते हैं। ऐसी स्थिति में उन्हें शंका उठाए बिना स्वीकार कर लेना चाहिए। 'पाठ' का हिन्दी में ठीक वही अर्थ नहीं होता, जिस अर्थ में इधर उत्तर-आधुनिकतावादी 'टेक्स्ट' का प्रयोग कर रहे हैं पर अब निरन्तर प्रयोग से 'पाठ' ने वह अर्थ ग्रहण कर लिया है।

दरअसल, मानविकी से सम्बद्ध विषयों में सांस्कृतिक अनुषंग विशेष महत्त्वपूर्ण होते हैं। ये विषय मानव-व्यवहार और उसके भावात्मक संसार से अधिक सम्बद्ध होते हैं। ललित कलाओं का एक अंग तकनीकी भी होता है, जिसका सम्बन्ध कला-विशेष की प्रस्तुति या अभिव्यक्ति से होता है। दूसरा पक्ष उनके अन्तरंग से सम्बद्ध होता है। तकनीक के वाचक शब्दों के निश्चित सन्दर्भ में निश्चित अर्थ होते हैं जिनका लगभग शाब्दिक अनुवाद प्राय: सम्भव हो जाता है। पर यदि कोई कलात्मक अभिव्यक्ति किसी विशेष सभ्यता की निजी शैली है तो वहाँ अनुवाद नहीं लिप्यन्तरण ही किया जाना चाहिए। उदाहरण के लिए मिस्र के 'पिरामिड' वहाँ की विशिष्ट वास्तुकला

का अद्वितीय नमूना है, इसलिए 'गुम्बद' और 'मीनार' की तरह उनका अनुवाद नहीं किया जाता। वैसे ही जैसे जापानी कविता के 'हाइकू' और अंग्रेज़ी के 'सानेट' का। हिन्दी में 'सानेट' का 'चतुर्दशपदी' अनुवाद इसलिए बेठिकाने है क्योंकि 'सानेट' में चौदह पंक्तियों के अलावा भी संरचनागत विशेषताएँ होती हैं जिनका बोध चतुर्दशपदी से नहीं होता।

संगीत की शब्दावली में ऐसे अनेक शब्द हैं जिनका अनुवाद सम्भव नहीं होता। हर सभ्यता का अपना विशिष्ट संगीत होता है। उसकी राग-रागनियाँ होती हैं। ताल की अपनी बन्दिशें होती हैं। स्वर-लय की संरचनाओं का अपना विधान होता है। इस सबके पीछे लम्बी सांस्कृतिक परम्पराएँ और इतिहास होता है। जाहिर है इस पूरे प्रपंच को व्यक्त करने वाली पारिभाषिक शब्दावली होती है। इसलिए जब संगीत की किसी एक परम्परा का परिचय अनुवाद की सहायता से दूसरी परम्परा के लोगों से कराना होता है तो पारिभाषिक शब्दावली या संज्ञाओं का अनुवाद करना न सम्भव होता है न वांछनीय। ऐसी शब्दावली स्रोत भाषा के साथ लक्ष्य-भाषा में अपने मूल स्रोत के साथ खुद-ब-खुद चली आती है। कुछ उदाहरण देखिए : मृदंग, पखावज, खोल, तबला, ढोलक, ढोल, जैसे तमाम साजों के लिए किसी पश्चिमी भाषा में वे शब्द ढूँढ़ना जो इनके पारस्परिक अन्तर का बोध करा दें सम्भव नहीं। 'A pair of drums' या केवल 'drums' कहकर इनके पारस्परिक अन्तर को समझाया नहीं जा सकता। ताल-वाद्यों के अतिरिक्त भी तमाम ऐसे वाद्य हैं जिनका इतिहास बताता है कि वे नाम सहित आयातित हैं : हारमोनियम, पिआनो, सरोद, गिटार, बैंजो, वायलिन आदि।

और तो और 'घुंघरू' जैसे शब्द का अनुवाद भी अंग्रेज़ी में सम्भव नहीं है। 'घुँघरू' के निकटतम शब्द 'bells' के सहारे 'a set of bells' या 'pair of bells' कहकर कभी-कभी काम चला लिया जाता है। पर वस्तुतः bell का हिन्दी समानार्थक 'घंटी' है 'घुँघरू' नहीं। इसलिए a pair of bells रूढ़ होने पर ही प्रयोग में लाया जा सकता है, अन्यथा नहीं।

कभी-कभी संयोग से दोनों भाषाओं में एक ही वाद्य के वाचक शब्द

मौजूद होते हैं जैसे 'मंजीरे' के लिए 'cymbal'। पर जो शब्द किसी वस्तु, संरचना या शैली किसी के लिए भी एक विशेष समाज और संस्कृति की देन होते हैं उनका लिप्यन्तरण करके आयात किया जाता है, अनुवाद नहीं।

नृत्य की शैलियों और भारतीय सन्दर्भ में तो घरानों ने भी इस कला को इतनी विविधता और वैशिष्ट्य प्रदान किया है कि इनकी वाचक संज्ञाओं का अनुवाद नहीं किया जाता। वे कत्थक, भरतनाट्यम, मणीपुरी, ओडेसी जैसे शास्त्रीय रूप हों या स्वाँग, नौटंकी, तमाशा, छाओ जैसी लोक-शैलियाँ। यही कठिनाई 'Symphony', 'Opera' और 'Ballet' जैसी पश्चिमी शैलियों के बारे में सामने आती है। इसी तर्ज पर दूरदर्शन के सन्दर्भ में 'सोप ऑपेरा' आज भारतीय समाज का लगभग घरेलू शब्द हो गया है। किसी भारतीय भाषा में इसके अनुवाद का प्रयत्न नहीं किया गया।

कहने का तात्पर्य यह कि अनुवाद करते समय आवश्यकता और औचित्य का विचार बराबर किया जाना चाहिए। भाषा की प्रकृति बहते पानी की तरह होती है। शुद्धता का आग्रह भाषा को दरिद्र बनाता है समृद्ध नहीं। दूसरी भाषाओं के शब्द यदि सांस्कृतिक आग्रहों के कारण किसी भाषा में रच-बसकर उसका हिस्सा हो जाते हैं तो इससे उस भाषा के शब्द-भंडार में वृद्धि ही होती है। अंग्रेज़ी के प्रसिद्ध ऑक्सफोर्ड शब्द-कोश के बीस साल पहले के संस्करण के साथ वर्तमान संस्करण का मिलान करने पर यह बात भली-भाँति देखी जा सकती है। यह साक्ष्य सभी भाषाओं के शब्द-कोशों में कमोबेश मिलता है।

मानविकीय विषयों में आने वाली इन कठिनाइयों का मूल कारण सांस्कृतिक विभिन्नता होती है। अनुवाद में जहाँ संस्कृतियों के बीच आपसी समझ का सवाल पैदा होगा वहीं अनुवाद-कर्म में कठिनाई सामने आएगी। अनुवादक ऐसी स्थिति में अनुवाद के द्वारा दो संस्कृतियों के बीच सेतु-निर्माण का दायित्व वहन करता है। इस प्रक्रिया में किसी 'अन्य' यानी भिन्न संस्कृति की रचना की सही समझ के लिए उसे काफी हद तक अपने सांस्कृतिक आग्रहों को निलम्बित करना होता है। यह एक तरह का अन्तस्सांस्कृतिक विमर्श होता

है जिसमें कम-से-कम अस्थायी रूप से अनुवादक को अपनी निजता या निजी आग्रहों का परित्याग करना पड़ता है।

अनुवाद में संस्कृति भेद से आने वाली कठिनाई को साहित्य और कला-सम्बन्धी सैद्धान्तिकी के उदाहरण से भलीभाँति समझा जा सकता है। सामान्य धारणा है कि साहित्य की सैद्धान्तिकी में ऊँचे दर्जे की निश्चितार्थता होती है। इसके अलावा उसकी अवधारणाओं में एक सीमा तक सामान्यता और सार्वभौमिकता होती है। पर सचाई यह है कि तकनीकी आविष्कारों की तरह वे ऊपर से चाहे जितनी निर्वैयक्तिक और सार्वभौमिक प्रतीत हों, परन्तु वास्तव में उनका विकास विशेष स्थान, समय, संस्कृति और भाषा से बँधा होता है। संस्कृत के 'रस', 'वक्रोक्ति', 'रीति', 'ध्वनि', 'सहृदय', 'प्रमाता', 'साधारणीकरण', 'निष्पत्ति' ऐसी ही अवधारणाएँ हैं। यही स्थिति अंग्रेज़ी के imitation, catharsis, subline, intution, fancy, phantasy, empathy जैसे अवधारणात्मक पदों की है। इन पदों के पीछे एक मूक इतिहास होता है। निश्चित पाठगत सन्दर्भ होता है। उसके बिना इनकी समझ अधूरी रह जाती है।

आचार्य शुक्ल की 'काव्य में लोकमंगल' की अवधारणा को भारतीय 'कर्म' सिद्धान्त की समझ के बिना पूरी तरह नहीं समझा जा सकता, उसी तरह जैसे 'डी-कन्सट्रक्शन' से उत्तर-आधुनिकतावादी चिन्तक दरीदा का ठीक-ठीक अभिप्राय क्या था, यह जानने के लिए मलार्मे का पाठ ज़रूरी है। यही कारण है कि जब सैद्धान्तिकी का अनुवाद के माध्यम से रूपान्तरण होता है तो वह कुछ हद तक उस संस्कृति और विषय के अनुशासन को भी रूपान्तरित करती है जिसमें वह दाखिल होती है। हिन्दी के काव्यशास्त्रीय चिन्तन में इसके अनेक प्रमाण हैं—अरस्तू के 'विरेचन' के सन्दर्भ में करुणा रस के आस्वाद पर विचार क्रोचे के अभिव्यंजनावाद के साथ कुन्तक के वक्रोक्ति सिद्धान्त की तुलना, व्यक्तिवैचित्र्यवाद के बरक्स साधारणीकरण पर पुनर्विचार और 'मिथक' और 'फैन्टेसी' की अवधारणाओं का काव्य-प्रतिमान के रूप में प्रयोग। कहना न होगा कि पश्चिम की यह सैद्धान्तिकी अनुवादों

के माध्यम से ही सुलभ हुई है। इसी तरह संस्कृत के काव्यशास्त्र ने पश्चिम की सैद्धान्तिकी को प्रभावित किया है।

मानविकीय विषयों में अनुभवगम्यता होती है इसलिए उनके अनुवाद में मूल के प्रति वैसी निष्ठा या उसकी वैसी दासता सम्भव नहीं है जैसी तकनीकी, वैज्ञानिक और वाणिज्य विषयक विषयों में। इन विषयों में अनुवादक का लक्ष्य केवल सूचनाओं या ज्ञान का अविकल शब्दश: स्थानान्तरण होता है इसलिए उसमें कुछ घटाना-बढ़ाना, मूल के साथ विश्वासघात होता है। यही स्थिति विधि-सम्बन्धी सामग्री की होती है जिसमें एक भी शब्द के घटने-बढ़ने से अर्थ का अनर्थ हो सकता है पर मानविकीय विषयों में शाब्दिक नहीं, आवश्यकता पड़ने पर निकटतम शब्दों या व्याख्यात्मक पदों से काम लिया जा सकता है। वहाँ मुख्य है मूल के आशय को अनुवाद में रूपान्तरित करना, भले ही उसके लिए छूट लेनी पड़े। साहित्य और अन्य मानविकीय विषयों के लिए यथावत् शब्दानुवाद बाधक ही होता है। कभी-कभी एक दुश्वारी तब पैदा होती है जब लक्ष्य भाषा में ऐसा शब्द मौजूद ही न हो जिसका जन्म स्रोत भाषा में किसी विशेष अनुभव से हुआ हो। इस स्थिति को अनुवाद की अन्तस्सांस्कृतिक समस्या कहा जाता है।

हर पाठ का मूल जटिल भाषिक, पाठीय और सांस्कृतिक सन्दर्भ में होता है। वही उसका प्रकृत वातावरण होता है। अनुवादक इस प्रकृत वातावरण से उसे अलग कर विदेशी भाषिक और सांस्कृतिक परिवेश में इसकी पुनर्रचना करता है। यह बड़े साहस का काम होता है। किसी पौधे को जड़ से उखाड़कर उसे दूसरी जगह रोपने के प्रयास के समान अनुवादक के सामने सबसे बड़ी चुनौती अर्थ की नज़ाकत को बनाए रखने की होती है। इस प्रक्रिया में कथ्य और अर्थ की हानि या विकृति का खतरा बराबर बना रहता है। इसके बावजूद अनुवाद सांस्कृतिक व्यवहार का महत्त्वपूर्ण अंग होता है।

अन्त: सांस्कृतिक आदान-प्रदान मूल मानवीय आवश्यकता है। विश्वव्यापी सामाजिकता का आग्रह हमें बराबर अपनी सीमित सामाजिकता का अतिक्रमण करने के लिए प्रेरित करता है। विश्व-बाजार, विश्वग्राम, विश्व-पूँजी की

पुकारों के साथ विश्व-संस्कृति की माँग में उत्तरोत्तर वृद्धि हो रही है। इस माँग की पूर्ति के अनेक प्रयासों के बीच अनुवाद की स्थिति भी एक ऐसे सहज कर्म की होती है जिसका लक्ष्य विभिन्न भाषाओं और संस्कृतियों के बीच समानता पर बल देना होता है।

इसके ठीक विरोध में एक दूसरा दृष्टिकोण है जो अनुवाद को असहज कर्म मानता है और इसलिए उसे ऐसा प्रयास समझता है जो या तो असम्भव या असफल होने के लिए अभिशप्त होता है। इसके समर्थक भिन्न संस्कृतियों में समान नहीं विशिष्ट और असमान तत्त्वों पर बल देते हैं। इनके अनुसार मूल पाठ को उसके परिवेश से अलग करना एक तरह का हिंसात्मक कर्म होता है। इसलिए ये ऐसे अनुवाद की वकालत करते हैं जो मूल पाठ की अन्यदेशीयता को बनाए रखे। वह शैलीगत और दूसरी विच्छिन्नताओं पर जोर देकर अनुवाद की भाषा में उनके प्रवेश के बारे में प्रतिरोधात्मक भूमिका का निर्वाह करे। यह दृष्टि मूल-पाठ केन्द्रित होती है।

इस सबके बावजूद, हर अनुभवी अनुवादक यह जानता है कि अनुवाद करते हुए मूल पाठ की सांस्कृतिक व्यवस्था और भाषिक संरचना, दोनों की कुछ-न-कुछ हानि ज़रूर होगी। साथ ही वह यह भी जानता है कि हानि होने पर भी लाभ की सम्भावना भी बराबर बनी रहती है। मूल पाठ की हर बात अनूदित पाठ में स्थानान्तरित न भी हो, तो भी लक्ष्य संस्कृति लाभान्वित ज़रूर होती है। यदि ऐसा न होता तो अनुवाद की माँग ही नहीं होती।

अनुवाद मानव समाज में जानकारी और समझदारी के प्रसार के अद्वितीय स्रोत होते हैं। हमारे भीतर 'अन्यता' (otherness) को समझने, उससे रू-ब-रू होने की गहरी आकांक्षा और ज़रूरत स्वभावत: रहती है। हम दूसरों के अनुभव और जानकारी में साझीदार होना चाहते हैं। यही इच्छा अनुवाद को सम्भव बनाती है। इसलिए अनुवाद एक निर्विकल्प स्थिति होती है। जिसके अभाव में :

1. सूचनाओं के स्थानान्तरण का अवसर खो जाता है।
2. हम दूसरी संस्कृतियों के नैतिक और कलात्मक मूल्यों की जानकारी

से वंचित रह जाते हैं।

3. बाहरी सामग्री के सम्पर्क से लक्ष्य संस्कृति में बदलाव और नवीकरण की सम्भावनाएँ नष्ट हो जाती हैं।

अनुवाद से भाषा के शब्द-समूह, संरचना और शैलीगत प्रयोगों में भी विस्तार होता है।

अनुवाद देश और काल दोनों में होते हैं : क्लासिकी भाषाओं से आधुनिक भाषाओं में, और एक देश की भाषा से दूसरे देश की भाषा में। एक अतीत को वर्तमान करने का जरिया होते हैं और दूसरी अनुभूति या संवेदनाओं के विस्तार का।

विषयवस्तु के साथ भाषा विशेष का सम्बन्ध माध्यम का होता है, दासता का नहीं। इसलिए यह मान्यता कि किसी संस्कृति के मूल्यों और अद्वितीय विचारों की रक्षा किसी दूसरी भाषा के अभिव्यक्ति-साधनों से नहीं की जा सकती, विषयवस्तु और भाषा के बीच अस्वाभाविक सम्बन्ध को स्वीकार करना, और लक्ष्य की रचनात्मक क्षमता का निषेध करना है। वस्तुतः अनुवाद करते समय बहुत से ऐसे शब्द जो लक्ष्य-भाषा में पहले से मौजूद नहीं होते, गढ़ लिए जाते हैं। उदाहरण के लिए 'radio-active' के लिए 'तेजस्क्रिय' और 'fire engine' के लिए 'दमकल', ऐसे शब्द हैं जो हिन्दी भाषा के शब्द-कोश का विस्तार क्रमशः शिक्षित समुदाय और लोक दोनों में करते हैं।

प्रतिरोधात्मक अनुवाद की वकालत विभिन्न संस्कृतियों के बीच सांस्कृतिक अन्तर को बनाए रखने की नीति का समर्थन करना है। वस्तुतः अनुवाद की ऐसी सैद्धान्तिकी और व्यवहार का विकास किया जाना चाहिए जिससे लक्ष्य-भाषा के सांस्कृतिक मूल्य, मूल पाठ के भाषिक अन्तर को रेखांकित करने में बाधक, और समानताओं को रेखांकित करने में साधक हों।

दरअसल, संस्कृतियों के बीच अनुवाद-कर्म में, एक ऐसी तटस्थता आदर्श होती है जिससे एक-दूसरे के भीतर छिपे अर्थों को मुक्त करके उन्हें नया जीवन प्रदान किया जाता है। अंग्रेज़ी के कवि कीट्स ने इस प्रसंग में दो क्षमताओं की चर्चा की है—ऐसा आत्म जिसमें दूसरे का गीत गाते हुए आत्म-

निषेध की क्षमता (negative capability) हो और ऐसा आत्म जो सिर्फ़ अपने को दोहराने की क्षमता रखता हो, और ऐसा करते हुए अप्रत्याशित रूपान्तरण करता रहे। यानी अपने को भुलाने और दोहराने की यह विरोधाभासी स्थिति, इतर भाषा के पाठ को ग्रहण करने और अनुवाद करने के लिए आदर्श होती है।

सांस्कृतिक विशिष्टता और निजता की पहचान और आग्रह से दूसरे समुदाय के प्रति भिन्नता और अन्यता (otherness) का बोध पैदा होता है। इसका परिणाम कभी-कभी अजनबीपन, अलगाव, बचाव, यहाँ तक कि घृणा की अनुभूति को प्रोत्साहित करने में दिखाई पड़ सकता है। जीवन में ही नहीं साहित्य में भी यह साम्प्रदायिकता दोनों पक्षों के लिए घातक होती है।

अनुवाद करने की प्रक्रिया में सांस्कृतिक आग्रह परिवर्तन का संकट पैदा करते हैं। 'अन्यता' के एहसास से अनुवाद की सम्भावना में सन्देह होने लगता है। अनुवादक को यह भूलना नहीं चाहिए कि अनुवाद करने में, मूल को उसकी समग्रता में वह लक्ष्य-भाषा तक पहुँचा न सके तो भी अनुवाद-कर्म में यह आंशिक पराजय भी हमें साझी-चेतना के अनुभव की दिशा में बढ़ाती है जो एक हद तक सांस्कृतिक-बोध है।

# सृजनात्मक साहित्य के अनुवाद की समस्याएँ

साहित्यिक अनुवाद के बारे में एक बड़ी बाधा तो यही है कि अनुवाद को मौलिक रचना की तुलना में कुछ घटिया किस्म का या कम-से-कम दूसरी श्रेणी का काम समझा जाता है। इसलिए अकसर यह उम्मीद की जाती है कि या तो इसे दूसरी श्रेणी का साहित्यकार करेगा या फिर प्रथम श्रेणी का साहित्यकार इसे दूसरी श्रेणी का काम समझ कर करेगा। साहित्यिक अनुवादों की खामियों के लिए यह दृष्टि काफी हद तक जिम्मेदार है। हम भूल जाते हैं कि विश्व-साहित्य इस दृष्टि का समर्थन नहीं करता। 'पास्तरनाक' की ख्याति शेक्सपियर के अनुवादों के लिए भी उतनी ही है जितनी मौलिक लेखन के लिए। साठ वर्षीय प्रौढ़ कवि डब्ल्यू.एच. आग्डन ने अपने से आधी आयु के नये कवि आन्द्रे बोजनेसेंस्की की कविताओं का अनुवाद करने में न अपनी उम्र का लिहाज़ किया और न मूल के कवि के नयेपन के कारण संकोच। एज़रा पाउंड का चीनी कविताओं के अनुवाद का दुस्साहस सर्वविदित है ही। कहने का तात्पर्य यह है कि अनुवाद की सार्थकता सिर्फ़ इस बात में नहीं समझी जानी चाहिए कि उसके द्वारा एक भाषा का ज्ञान या कथ्य, दूसरी भाषा में आयात किया जाता है, साहित्यिक अनुवाद की तो और भी नहीं। और तमाम बातों के अतिरिक्त साहित्यिक अनुवाद की एक बहुत बड़ी सार्थकता इस बात में होती है कि दूसरी भाषा का साक्षात्कार और टकराहट उसके लिए अपनी भाषा में अभिव्यक्ति की चुनौती प्रस्तुत करती है और इस चुनौती का सामना करने की प्रक्रिया में अनुवाद की भाषा की अपनी रचनात्मक

सामर्थ्य का विकास और पहचान होती है। स्टीफेन ज्वाइग ने इसी बात को लक्ष्य करते हुए कहा है :

> "डेहमेल की सलाह पर, जिसके लिए मैं आज तक उनका आभारी हूँ, मैंने अपना वक्त विदेशी भाषाओं से अनुवाद करने में लगाया और अब भी मैं मानता हूँ कि खुद अपनी भाषा की आत्मा को अधिक गहराई से और अधिक रचनात्मक ढंग से समझने के लिए, एक नये कवि के लिए यह सबसे अच्छा तरीका है—क्योंकि हरेक अजनबी भाषा अपने निजी मोड़ों पर, उसकी नकल करने वालों को पहले-पहल विरोध का सामना कराती है, वह इसीलिए अभिव्यक्ति की ऐसी शक्तियों को आमंत्रित करती है जो अन्यथा न खोजी जाने पर, कभी प्रकाश में नहीं आ सकतीं, और एक अजनबी भाषा से उसके अत्यन्त निजी सार को खींचने और उसे उसी लोच के साथ अपनी भाषा में ढालने का यह संघर्ष हमेशा मेरे लिए एक विशेष कलात्मक आकांक्षा रही है। चूँकि यह गुमनाम और वस्तुतः निरानन्द कार्य धीरज और कर्मठता की माँग करता है।"

साहित्य के अनुवाद की प्रकृति तकनीकी तथा अन्य विषयों से इस बात में भिन्न होती है कि साहित्य कृति के माध्यम से रचनाकार और पाठक के बीच संवाद होता है जबकि दूसरे विषयों में संवाद की यह स्थिति व्यक्ति-व्यक्ति के बीच सर्वत्र अनिवार्य नहीं होती। अनुवाद का कार्य शुरू करने से पहले अनुवादक इस प्रक्रिया का अन्तिम बिन्दु होता है और इस भूमिका में किसी साधारण पाठक की अपेक्षा पहले बिन्दु अर्थात् रचनाकार के साथ उसका सही सम्पर्क स्थापित करना इसलिए अनिवार्य होता है कि प्रक्रिया के दूसरे दौर यानी अनुवाद में वह पहले बिन्दु का स्थान ग्रहण कर लेता है। उसने इस दायित्व का निर्वाह सफलता से किया है इसकी सबसे बड़ी कसौटी यही है कि मूल रचना के प्रति उसके पाठकों की प्रतिक्रिया उसके अनुवाद के पाठकों की प्रतिक्रिया से बहुत भिन्न न हो। सर्जनात्मक साहित्य के

अनुवाद की एक हद तक अनिवार्य शर्त यही होनी चाहिए कि मूल लेखक और अनुवादक की सर्जनात्मक क्षमताओं में स्तर भेद एक वाजिब सीमा से अधिक न हो। अन्यथा मूल और अनुवाद में स्तर भेद का खतरा बढ़ जाता है क्योंकि अनुवादक के द्वारा मूल रचना को अपनी भाषा और व्यक्तित्व में ढाल लेने का प्रलोभन और सम्भावना बराबर बनी रहती है। एक ही रचना के भिन्न-भिन्न अनुवादों की तुलना से और एक ही अनुवादक द्वारा भिन्न-भिन्न कृतियों के अनुवाद की पारस्परिक तुलना से यह बात स्पष्ट की जा सकती है।

हिन्दी में शेक्सपियर के एकाधिक अनुवाद किए गए। रांगेय राघव ने पद्यानुवाद का खतरा मोल न लेकर नाटक के कहानीपन या कथ्य को पाठक तक पहुँचाकर सन्तोष कर लिया। अमृतराय और बच्चन दोनों ने 'हेमलेट' का अनुवाद किया तो पद्यानुवाद का जोखिम अमृतराय भी बचा गए। बच्चन अंग्रेज़ी साहित्य के मर्मज्ञ, अंग्रेज़ी में विदेशी उपाधि प्राप्त अध्यापक और हिन्दी भाषा को जीवन्तता तथा रवानगी देने वाले कवि। दोनों भाषाओं और साहित्य के विषय में उनकी जानकारी और समझ पर सन्देह करना धृष्टता होगी। अच्छे अनुवाद की शर्तों का जिक्र करते हुए प्राय: यह सिद्धान्त सामान्यत: स्वीकार किया जाता है कि अनुवादकों को विदेशी भाषा से अपनी मातृभाषा में अनुवाद करने के लिए प्रशिक्षित किया जाना चाहिए। तब हिन्दी में उपलब्ध शेक्सपियर के अनुवादों की असफलता के लिए क्या कहा जाएगा? किसी भाषा की जानकारी और समझ एक बात है, प्रयोग क्षमता (handling) एकदम दूसरी बात है। प्रश्न यह है कि क्या सर्जनात्मक साहित्य के अनुवाद के लिए सचमुच इस प्रयोग क्षमता की शिक्षा दी जा सकती है या उसकी अपेक्षाएँ कुछ और भी होती हैं?

अनुवादक की सर्जनात्मक शक्ति की सही पहचान उन स्थलों पर होती है जब उसके सामने वाक्यांशों या शब्दों को उनके अनुषंगों और समूचे सांस्कृतिक सन्दर्भ में समझने, और अपनी भाषा में ढालने का प्रश्न आता है। हर शब्द का एक तात्कालिक सन्दर्भ कृति के भीतर और दूसरा बृहत्तर सांस्कृतिक

सन्दर्भ कृति के बाहर होता है। जब अनुवादक इन दोनों में से एक को भी ग्रहण करने में चूक जाता है तो परिणाम वही होते हैं जो 'हेमलेट' के अनुवाद में हुए हैं। अनुवाद करते समय ऐतिहासिक सांस्कृतिक सन्दर्भों की जानकारी ऐसे प्रसंगों में और भी आवश्यक हो जाती है जब शब्दों के मिथकीय अनुषंग हों। उदाहरण के लिए सिसीफस या काम-दहन का प्रसंग अथवा अश्वत्थामा के व्यक्तित्व में ऐसी मिथकीय अर्थ व्यंजनाएँ हैं जिनका ठीक-ठीक अनुवाद उनके मूल सन्दर्भ की जानकारी के बिना नहीं किया जा सकता। एक प्रसंग में हेमलेट की माँ के कथन 'He's fat' का न केवल शाब्दिक अनुवाद 'मोटा' कर दिया गया है बल्कि नाटक की 'प्रवेशिका' में तर्क प्रस्तुत किया गया है कि उस समय चूँकि 'हेमलेट' का अभिनय करने वाला अभिनेता मोटा था, अत: शेक्सपियर ने थिएटर की आवश्यकता के अनुरोध से यह वाक्य कहलवाया है। अपने विदेश प्रवास में कवि बच्चन ने बहुत सम्भव है इस तथ्य की शोधपरक जानकारी हासिल की हो पर इस जानकारी से ज्यादा महत्त्व उस पूरे सन्दर्भ का है जिसमें यह पंक्ति कही गई है। 'हेमलेट' के पूरे सन्दर्भ और आगे आने वाले वाक्य 'Here Hamlet, take my nepkin, rub thy brow' पर यदि ध्यान दिया जाता तो यह अनुमान लग़ाना कठिन न होता कि इस प्रसंग में 'fat' का अर्थ प्रचलित अर्थ से भिन्न 'पसीना-पसीना हो जाना' है। जहाँ उन्होंने भावार्थ या कथ्य को पकड़ने की चेष्टा की वहाँ भी वे 'something is rotten in the state of Denmark' का अनुवाद 'निश्चय ही डेनमार्क राज्य में कुछ गड़बड़ है' करते दिखाई पड़े। इससे कहीं अधिक चिन्ताजनक स्थिति उन प्रसंगों की है जहाँ किसी गहन अनुभूति की व्यंजक शब्दावली का अनुवाद प्रस्तुत किया गया है। जब 'O horrible! O' horrible' का अनुवाद 'बड़ी वेदना, बड़ा शोक है, महाशोक है' किया जाता है तो शोक शेक्सपियर के बच्चन बन जाने पर होता है। अनुवाद की इस नियति के लिए अनुवादक और मूल लेखक की सर्जनात्मक प्रतिभाओं का अन्तर बहुत दूर तक जिम्मेदार है। शायद इसी कारण उमर खय्याम का बच्चन हो जाना उतना नहीं अखरता जितना शेक्सपियर का बच्चन हो जाना।

अक्सर कुछ ऐसे हिन्दी अनुवादों की भूलों की चर्चा की जाती है जो सीधे मूल भाषाओं से न होकर अंग्रेज़ी के माध्यम से किए गए हैं। 'आन्द्रे बोजनेसेंस्की' की कुछ कविताओं के अनुवाद के सन्दर्भ में यह प्रश्न प्राय: उठाया जाता है। उन कविताओं के अनुवाद की प्रामाणिकता और सफलता निश्चय ही सन्देहास्पद है। पर सवाल दूसरा है क्या यह बात एक सामान्य नियम के रूप में हर विदेशी भाषा के बारे में उतने ही जोर से लागू की जा सकती है। स्पेनिश और रूसी भाषा की ध्वनियों और वाक्य-विन्यास की प्रकृति के आधार पर यह कहना उचित होगा कि उनका सीधा हिन्दी अनुवाद अंग्रेज़ी माध्यम की अपेक्षा कहीं अधिक सहज और प्रामाणिक ढंग से किया जा सकता है। परन्तु क्या यह बात एक ही परिवार की भाषाओं के बारे में भी उतनी ही सही है ? बात सिर्फ़ अंग्रेज़ी-हिन्दी अनुवाद की नहीं साहित्य-मात्र के अनुवाद की है। इसलिए हर मूल भाषा और अनुवाद की भाषा के बीच रिश्ते के प्रश्न से यह सवाल बहुत दूर तक जुड़ा हुआ है। इसके साथ ही दो व्यावहारिक सवाल और उठते हैं, एक प्राचीन भाषाओं का जिनके सही जानकार स्वयं उन भाषाओं के बोलने वालों के बीच भी आज नहीं हैं। ऐसी स्थिति में मूल कथ्य की कुछ क्षति का खतरा उठाया जाए या प्रामाणिकता के नाम पर उससे एकदम वंचित रहा जाए ? दूसरा सवाल यथातथ्यता बनाम सर्जनात्मकता का है।

किसी साहित्यिक रचना के अनुवाद में उसकी यथातथ्यता, उसका सही होना ज्यादा ज़रूरी है या उस अनुभव-वृत्त का पुन:सृजन जिसे मूल कृति के द्वारा अभिव्यक्त करने का प्रयत्न किया गया है ? एक उदाहरण देकर बात स्पष्ट करना अप्रासंगिक न होगा। पाबलो नरुदा की प्रसिद्ध रचना 'मच्चू-पिच्चू के शिखर' का एक अनुवाद काफी समय पहले हिन्दी के कवि कमलेश ने प्रस्तुत किया था। उसके बाद दूसरा संशोधित अनुवाद कवि नीलाभ ने। इस दूसरे अनुवाद में बड़े परिश्रमपूर्वक पहले अनुवाद की खामियाँ ढूँढ़ी गई हैं। शब्दों की समझ और प्रयोग के बारे में लम्बी-लम्बी टिप्पणियाँ प्रस्तुत की गई हैं और जाहिर है शायद मूल रचना के प्रति ज्यादा ईमानदार और ज्यादा सही

होने का दावा भी दूसरे अनुवाद के बारे में कुछ अधिक ही किया जा सकता है। पर जिस अनुपात में यह यथातथ्यता बढ़ी है, उसी अनुपात में रचना की सृजनात्मकता या रचनात्मक क्षमता की क्षति हुई है। ऐसी स्थिति में निर्णायक बात शायद यह होगी कि किस अनुवादक ने रचना से किस हद तक सही संवाद कायम कर लिया है।

और फिर साहित्य के अनुवाद की प्रामाणिकता भी तो एक हद तक रुचि-निर्भर है। क्योंकि शाब्दिक अनुवाद की वस्तुनिष्ठता की कसौटी साहित्य से अधिक निरर्थक किसी दूसरे सन्दर्भ में नहीं होती। एक बार एक स्थानीय प्रकाशक ने जब उत्साहपूर्वक प्रसिद्ध कथाकार कृष्ण बलदेव वैद से 'Waiting for Godo' का अनुवाद कराया तो नेमिचन्द्र जैन को उस अनुवाद के संशोधन का दायित्व सौंपा गया। नेमिचन्द्र हिन्दी के अनुभवी और सिद्ध अनुवादकों में से माने जाते थे, और भूतपूर्व कवि भी थे ही। फिर भी अनुवादक और संशोधक के बीच रुचि भेद को लेकर जो हंगामा खड़ा हुआ वह कम-से-कम साहित्य के अनुवाद की प्रामाणिकता के बारे में किसी वस्तुनिष्ठ कसौटी के अभाव की ओर तो संकेत करता ही है।

आखिरी बात—क्या साहित्य की विभिन्न विधाओं में, विधा के अनुरोध से अनुवाद में तारतम्यिक कठिनाई सामने आती है? कुछ लोग नाटक के अनुवाद को शायद कविता से कुछ अधिक कठिन मानते हैं। यह प्रश्न भी वस्तुतः बेहद उलझा हुआ और कृति-सापेक्ष है। सवाल नाटक और कविता का नहीं, कौन-सा नाटक और कौन-सी कविता का है। अपनी बात के समर्थन में सार्त्र का हवाला देना प्रासंगिक होगा। 'What is literature' में कथा-साहित्य और कविता की भाषा के भेद पर विचार करते हुए सार्त्र ने कथा की भाषा को 'transparent' कहा है, जहाँ शब्दों की प्रकृति आत्मनिषेधात्मक होती है। वे अपने को नेगेट करते हुए किसी दूसरे कथ्य की ओर संकेत, इंगित करते रहते हैं। जबकि उनके अनुसार कविता की भाषा 'translucent' होती है जिसमें शब्द खुद आकर्षक और सुन्दर होते हैं। वे किसी दूसरी चीज की तरफ इंगित नहीं करते। उनके आर-पार

किसी कथ्य को ढूँढ़ने के बजाय दृष्टि उन्हीं के आकर्षण और सौन्दर्य से बँधती है। जाहिर है उनके सौन्दर्य को अनुवाद की भाषा में उतारना अधिक कठिन होता है। वस्तुतः कभी-कभी कथ्य कुछ नहीं, या नहीं के बराबर होता है। जिन कविताओं का सौन्दर्य नाद-निर्भर होता है वहाँ यह कठिनाई बहुत स्पष्ट होकर सम्मुख आती है। उदाहरण के लिए 'कंकण किंकिणि नूपुर धुनि सुनि'। या फिर 'धूम धुँआरे काजर कारे हम ही विकरारे बादल' जैसी पंक्तियों का, या 'राम की शक्ति पूजा' के युद्ध-वर्णन के सन्दर्भ में प्रयुक्त शब्द गुम्फों का अनुवाद सम्भव है, इसमें मुझे सन्देह है। ज़रूरी नहीं कि अनुवाद कार्य में ध्वनियों की गूँजें-अनुगूँजें या समासों की लड़ियाँ बाधक हों। कभी-कभी किसी कविता के तेवर को अनुवाद में बाँधना लगभग असम्भव हो जाता है—भले ही शब्दानुवाद की दृष्टि से काम बेहद सरल प्रतीत हो। 'कुकुरमुत्ता' कविता का अनुवाद इस दृष्टि से किसी के लिए चुनौती बन सकता है। इसलिए साहित्य में सवाल सिर्फ़ कथ्य का नहीं है, बल्कि मूल भाषा की कथन-भंगिमा को अनुवाद की भाषा में बाँधना ही अनुवादक की सर्जनात्मक क्षमता की कसौटी है। नाटक में वह विडम्बना हो सकती है, द्वन्द्वात्मक तनाव हो सकता है, जीवन्तता हो सकती है और कविता में ध्वनियों की गूँजें-अनुगूँजें, लय और वैदग्ध्य। और यह काम शब्दकार नहीं शायद साहित्यकार ही सफलतापूर्वक कर सकता है।

## अनुवाद : भारतीय सन्दर्भ

भारत में अनुवादों के महत्त्व का एक विशेष सन्दर्भ और भी है—विदेशी शासन के परिणामस्वरूप पहले अरबी-फारसी और फिर यूरोपीय भाषाओं से व्यापक सम्पर्क। एक ओर आने वाले शासकों और विद्वानों के मन में भारतीय चिन्तन और सृजन के प्रति जिज्ञासा और दूसरी ओर भारतीयों के मन में बाहर से आने वाले ज्ञान-विज्ञान और साहित्य को जानने-समझने

की लालसा। नतीजतन, पारस्परिक अनुवादों की एक लम्बी परम्परा भारतीय और यूरोपीय भाषाओं में दिखाई पड़ती है। अंग्रेज़ी के साथ विशेष प्रकार का सम्बन्ध होने के कारण स्वभावतः सबसे अधिक संख्या अंग्रेज़ी से या अंग्रेज़ी के माध्यम से किए जाने वाले अनुवादों की है। दिलचस्प बात यह है कि इन अनुवादों में ज्ञानात्मक और सर्जनात्मक—दोनों प्रकार की रचनाएँ शामिल हैं। ठेठ तकनीकी साहित्य के अनुवाद पर बल स्वतंत्रता-प्राप्ति के बाद अधिक दिया जाने लगा। यह आग्रह स्वाभाविक था कि स्वाधीन देश में अपनी भाषाओं के माध्यम से वे सभी काम अन्जाम दिए जाएँ जो पराधीन भारत में अंग्रेज़ी के माध्यम से किए जाते थे। ज्ञान-विज्ञान की बहुत-सी शाखाएँ ऐसी थीं जिनकी स्रोत सामग्री का मूल विदेशी भाषाओं में ही था। इसके अलावा उच्चतर शिक्षा के उनके विषय ऐसे थे जिनकी पढ़ाई अंग्रेज़ी भाषा में होती थी। इन विषयों में विज्ञान और तकनीकी से सम्बद्ध विषयों के अलावा विधि, राजनीति-विज्ञान, अर्थ-शास्त्र, समाज-विज्ञान, मनोविज्ञान जैसे तमाम विषयों का विश्वविद्यालयीय स्तर पर पठन-पाठन अंग्रेज़ी के माध्यम से ही होता था। दिलचस्प बात तो यह है कि भारत में दार्शनिक चिन्तन की लम्बी और समृद्ध परम्परा मौजूद थी। संस्कृत और परवर्ती भारतीय भाषाओं में भारतीय दर्शन पर बहुत सामग्री उपलब्ध थी किन्तु आधुनिक युग में भारतीय विद्वानों में कई महत्त्वपूर्ण और विख्यात नाम ऐसे हैं जिन्होंने भारतीय चिन्तन पर अंग्रेज़ी में लिखा, भारतीय भाषाओं में नहीं। उदाहरण के लिए डी.डी. कौसाम्बी, दामोदरन, सर्वपल्ली राधाकृष्णन आदि का उल्लेख किया जा सकता है।

कहने का तात्पर्य यह कि जब उच्च-शिक्षित समाज के कार्यालयीय और शैक्षिक व्यवहार की भाषा अंग्रेज़ी हो गई और अन्य विदेशी भाषाओं की सामग्री का आयात भी अंग्रेज़ी भाषा के माध्यम से होने लगा तो अनुवादों का महत्त्व और आवश्यकता बढ़नी स्वाभाविक थी।

# अनुवाद : विषय और प्रक्रिया

हर विषय और हर भाषा के अनुवाद की समस्याएँ अलग होती हैं। पर किसी भी अनुवाद की सफलता की सबसे बड़ी कसौटी होती है अनूदित सामग्री की सहज ग्राह्यता। यानी उसे समझने के लिए हमें मूल (स्रोत) सामग्री का मुखापेक्षी न होना पड़े। वह पढ़ने पर ऐसी प्रतीत हो जैसे उसकी माध्यम भाषा ही उसकी मूल भाषा है।

ऐसे सफल अनुवाद का सबसे कारगर उपाय है—अभ्यास। अनुवाद करके उसका पुनः-पुनः संशोधन। सिद्धान्त से अधिक व्यवहार पर बल देना। अनुवाद का कोई सिद्धान्त ऐसा नहीं है जिसके बारे में यह कहा जा सके कि उसे लागू करने पर सफलता ज़रूर हासिल हो जाएगी। जबकि अक्सर यह देखा गया है कि शैली के पारखी और स्वयं लेखनी के धनी रचनाकारों ने बड़े प्रभावी अनुवाद किए हैं। हिन्दी में ऐसे अनुवादों की लम्बी परम्परा मिलती है।

इसके बावजूद अनुवाद की निश्चित प्रक्रिया होती है जिस पर ध्यान देने से, अनुवाद करते समय एक हद तक सफलता और स्तरीयता सिद्ध की जा सकती है। यह बात अलग है कि आ. महावीर प्रसाद द्विवेदी, रामचन्द्र शुक्ल, कवि श्रीधर पाठक, मैथिलीशरण गुप्त, बच्चन, रघुवीर सहाय, अमृतराय आदि न जाने ऐसे कितने विख्यात रचनाकार हैं जिन्होंने सचेत रूप से किसी अनुवाद-पद्धति और सिद्धान्त का पालन किए बिना भी लगातार सफल अनुवाद किए हैं।

विषय के अन्तर से अनुवाद की प्रक्रिया और उसके प्रति दृष्टिकोण, दोनों में अन्तर आ जाता है। उदाहरण के लिए ज्ञान-प्रधान और संवेदना प्रधान सामग्री का अनुवाद करने की दृष्टि और पद्धति एक नहीं हो सकती। पहली में तथ्य की प्रधानता होती है और दूसरी में अनुभूति की। पहली का लक्ष्य सूचनाएँ देना और ज्ञानवर्धन करना होता है और दूसरी का अनुभव में साझीदार बनाना यानी वही भावात्मक प्रभाव डालना जो मूल भाषा की सामग्री को पढ़ने

से पड़ता है। भ्रम हो सकता है कि ज्ञानात्मक साहित्य में शब्दानुवाद की प्रधानता होगी और साहित्य के अनुवाद में भावानुवाद की। पर दोनों स्थितियों में आरम्भिक प्रक्रिया कुछ दूर तक समान होती है।

## प्रक्रिया के चरण

अनुवाद की प्रक्रिया का सबसे पहला चरण होता है मूल भाषा के पाठ का अवधानपूर्वक पठन। मूल सामग्री को ध्यान से पढ़ने का मुख्य उद्देश्य होता है उसके कथ्य को समझना। एक बार कथ्य को समझ लेने के बाद अनुवादक को चाहिए कि वह अनुवाद सामग्री के रूप में उसका विश्लेषण करे। जाहिर है यह विश्लेषण भाषिक और साहित्यिक दृष्टिकोण से किए जाने वाले विश्लेषण से भिन्न होगा। इस प्रक्रिया में यह बहुत महत्त्वपूर्ण है कि अनुवादक लेखक के आशय या अभिप्राय को अच्छी तरह समझ ले। इसके बाद उसके सामने प्रमुख सवाल होगा अपनी विधि या पद्धति तय करने का—मसलन उसे मूल भाषा के छन्द और लय को अपनी भाषा के किस छन्द और लय में बाँधना होगा। यह भी हो सकता है कि वह पद्य-रचनाओं का अनुवाद गद्य में करने का निर्णय करे।

हर मूल पाठ में कुछ अंश ऐसे होते हैं जिनका अनुवाद करने में कठिनाई होती है। यह कठिनाई शब्द, वाक्य या पूरे-के-पूरे सन्दर्भ—किसी को भी लेकर हो सकती है। कभी सामान्य रूप से पठन की प्रक्रिया में ही ऐसी समस्याएँ सामने आ जाती हैं पर कभी-कभी इनकी पहचान अवधानपूर्वक सघन पाठ करने पर ही होती है। हर स्थिति में, अनुवाद करने से पहले ऐसे अंशों की साफ पहचान ज़रूरी होती है। इस पहचान के लिए मूल पाठ का सघन पाठ आवश्यक होता है। किसी सामान्य से शब्द का सही अनुवाद करने के लिए भी अनुवादक कभी सन्दर्भ के साथ बँधा रहता है और कभी उसी शब्द के लिए उसे सन्दर्भ से बाहर जाना होता है। उदाहरण के लिए यदि किसी व्यक्ति के लिए 'साँप' जैसे सामान्य शब्द का प्रयोग किया गया हो तो

यह देखना ज़रूरी होगा कि इस शब्द का प्रयोग लाक्षणिक रूप में किया गया है या सामान्य अर्थ में और लाक्षणिक प्रयोग की स्थिति में इसका निहितार्थ या व्यंग्यार्थ क्या होगा?

## अनुवाद की कठिनाइयाँ

अनुवादक की कठिनाई दो प्रकार की होती है। एक तो यह कि मूल-पाठ के किसी अंश को समझने में ही वह असमर्थ हो। दूसरी समस्या यह हो सकती है कि जिस भाषा में उसे अनुवाद करना है उसमें मूल शब्दों के प्रतिशब्द ही उपलब्ध न हों। ऐसी स्थिति में मूल लेखक के आशय को सही-सही समझने का सवाल बहुत महत्त्वपूर्ण हो जाता है। लेखक का मूल अभिप्राय ही विषय के प्रति उसके रुख को प्रस्तावित करता है। और अभिप्राय को सही-सही समझे बिना अनुवादक प्रतिशब्द या पर्याय के अभाव में समानांतर शब्द की तलाश करने में सफल नहीं हो सकता।

## अनुवाद : शैली का निर्णय

लेखकीय अभिप्राय से ही मूल-पाठ की शैली का भी नियमन होता है। विषय और दृष्टिकोण के आधार पर मुख्य रूप से चार प्रकार की शैलियों का प्रयोग किया जाता है—

1. वृत्तान्तपरक।
2. वर्णनपरक।
3. विवेचनपरक।
4. संवादपरक।

अनुवादक को यह भी आरम्भ करते समय ही तय करना पड़ता है कि वह मूल पाठ की शैली का अनुसरण करना चाहता है या अनुवाद में कठिनाई के

कारण शैली में परिवर्तन की छूट लेना चाहता है। यह समस्या विशेष रूप से संवादों के सन्दर्भ में सामने आती है।

कुल मिलाकर निष्कर्ष रूप में कहा जा सकता है कि अनुवाद की कोई ऐसी निश्चित प्रविधि या प्रक्रिया नहीं होती जिसे परिभाषित करके अनुवाद की सफलता तय की जा सके। अर्थात् अनुवाद ऐसा कौशल नहीं होता जिसका निश्चित पद्धति से प्रशिक्षण करके सफल अनुवादक तैयार किए जा सकते हैं। कुछ शर्तें ऐसी ज़रूर होती हैं जिनका पालन करना काफी हद तक सफल अनुवादक का नियामक होता है, जो संक्षेप में इस प्रकार है :

1. उन भाषाओं का सम्यक् ज्ञान और उनके प्रयोग की क्षमता जिनसे और जिनमें अनुवाद किया जाता है।
2. जिस विषय की रचना का अनुवाद किया जाना है, उसका ज्ञान अथवा गहरी नहीं तो काफी हद तक जानकारी।
3. वैयक्तिक आग्रहों को स्थगित करने या उनसे तटस्थ रहने की क्षमता।
4. अनुवाद/अनूदित रचना के सम्भावित पाठकों की ग्रहण-क्षमता/योग्यता का बोध।
5. अनुवाद की भाषा के शुद्ध/व्याकरण-सम्मत रूप से अधिक उसके व्यावहारिक/प्रयोगपरक रूप को स्वीकार करने की उदारता।
6. अभ्यास—ऐसी विशेषता है जिस पर अनुवाद के सन्दर्भ में 'करत-करत अभ्यास के जड़मति होत सुजान' वाली कहावत बहुत दूर तक लागू होती है।

अनुवाद के सन्दर्भ में सबसे महत्त्वपूर्ण बात यह है कि इस कर्म के प्रति इस आम धारणा से कि यह मौलिक रचना की तुलना में द्वितीय श्रेणी की योग्यता या कर्म है, मुक्त रहना अच्छे अनुवादक होने की प्राथमिक आवश्यकता होती है। इस बात पर ध्यान दिया जाना चाहिए कि अनुवादक रचनाकार की अपेक्षा अधिक भाषाओं का जानकार तो होता ही है, प्रसंग-भेद से, उसमें नाना रूपों और सन्दर्भों के भाषिक प्रयोगों के अनुरूप अपनी भाषा को ढालने,

उसका प्रयोग करने और यथावश्यक नये शब्दों का निर्माण करने की क्षमता भी होती है। उसकी गति एकाधिक विषयों में होती है और उनके अनुसार वह भाषा-प्रयोग में विविधरूपता लाने में सक्षम होता है। शायद इसीलिए 'लेखक' तो बहुत होते हैं, पर 'रचनाकार' उनकी तुलना में बहुत कम, ठीक इसी तरह अनुवादक तो बहुत होते हैं, पर ऐसे अनुवादक बहुत कम, जिनके किए एक अनुवाद, अपने मूल के विस्तार नहीं प्रतिस्पर्धी प्रतीत हों। अच्छे अनुवाद की पहचान यही होती है कि वह मूल रचना का सिर्फ़ अनुगमी नहीं, स्वतंत्र (मुक्त नहीं) रचना का-सा आनन्द दे। कहना न होगा यह तभी सम्भव होता है जब अनुवाद के दायित्व को द्वितीय श्रेणी का नहीं, प्रथम श्रेणी का काम समझकर उसका निर्वाह किया जाए।

❂❂❂